W0072427

BASTEI
LÜBBE
TASCHENBUCH

Weitere Titel des Autors:

Der ultimative Intelligenztest für Hunde und ihre Besitzer

Auch als E-Book erhältlich

Über die Autorin:

Melissa Miller wurde in Dallas, Texas, geboren und zog vor einiger Zeit nach London. Dort lebt sie mit ihrer silbergrauen Perserkatze Tiffy, die sie aus einem Tierheim gerettet hat. Miller ist Pianistin, Malerin, Investmentbankerin und Schriftstellerin.

Melissa Miller

Der ultimative Intelligenztest für Katzen

und ihre Besitzer

Mit Zeichnungen von
Eva Maria Friese

Aus dem amerikanischen Englisch von
Cécile G. Lecaux

BASTEI
LÜBBE
TASCHENBUCH

BASTEI LÜBBE TASCHENBUCH
Band 60716

1. Auflage: Dezember 2012

Vollständige Taschenbuchausgabe, überarbeitete Neuausgabe

Für die Originalausgabe:
Copyright © 1992 by Melissa Miller
Titel der amerikanischen Originalausgabe:
»Definitive I.Q. Test for Cats and I.Q. Test for Cat Owners«
Originalverlag: Signet / Penguin Books Ltd., London

Für die deutschsprachige Ausgabe:
Copyright © 2012 by Bastei Lübbe GmbH & Co. KG, Köln
Titelbild: © shutterstock/TRINACRIA PHOTO;
© shutterstock/Lars Christense
Umschlaggestaltung: Christin Wilhelm, www.grafic4u.de
Satz: hanseatenSatz-bremen, Bremen
Gesetzt aus der Century Schoolbook
Druck und Verarbeitung: GGP Media GmbH, Pößneck
Printed in Germany
ISBN 978-3-404-60716-7

Sie finden uns im Internet unter
www. luebbe.de
Bitte beachten Sie auch: www.lesejury.de

*Für meine Schwester Laura und
ihre Katze Champagne,
die mich zu umfangreichen Passagen
dieses Buches inspiriert haben.*

Inhalt

I.

Einleitung

Ich habe zahlreiche Philosophen und zahlreiche Katzen studiert: Die Weisheit der Katzen ist um ein Unendliches größer. Kein intelligenter Mensch kann im Beisein einer Katze dünkelhaft sein. Kein anderes Lebewesen besitzt die Fähigkeit, den Menschen so vollkommen zu ignorieren.

Hippolyte Taine (1828–1893)

Während der 5 000 Jahre, die die Katze nun schon domestiziert ist, hat der Mensch immer wieder Spekulationen angestellt, was den Intelligenzgrad betrifft, den das Tier zu besitzen scheint. In Anbetracht der Fähigkeit der Katze, eigenständig zu denken und Schlüsse zu ziehen, der Überlegenheit, die sie ausstrahlt, und ihrem recht geheimnisvollen Wesen ist wohl nicht schwer zu verstehen, warum sie die Fantasie so vieler Generationen beschäftigt hat.

Jeder, der irgendwann einmal sein Heim mit einer Katze geteilt hat, wird vermutlich bestätigen, dass es sich im Allgemeinen um ziemlich kluge Tiere handelt. Sie sind in der Lage, Situationen zu analysieren, und lernen für gewöhnlich schnell – wie man beispielsweise das Licht ausschaltet oder eine Tür öffnet, meist die der Vorratskammer oder des Kühlschranks. Außerdem beobachten Katzen sehr genau, was um sie herum geschieht, und sie sind in der Lage, wohldurchdachte Strategien zu entwickeln, um bei der Jagd ihre Beute zu überlisten oder auch unsere Stimmungen und Gefühle in fast jeder Situation zu interpretieren.

Tatsächlich gibt es so viele Beispiele intelligenten

Verhaltens bei der gewöhnlichen Hauskatze, dass die meisten Beobachter von ihren außergewöhnlichen geistigen Fähigkeiten überzeugt sind. Spekulationen über ihre Intelligenz werden noch durch die geheimnisvolle Aura der Katze genährt: Es ist oft schwer zu ergründen, was das Tier gerade denkt. Katzen können sehr ausdrucksvoll sein, aber häufig ziehen sie es vor, ihre Gefühle für sich zu behalten. Viele genießen es, ihre Umgebung mit absoluter Gelassenheit zu beobachten, wie erfahrene, weise Menschen es tun, sodass der Betrachter sich unwillkürlich fragt, worüber sie wohl gerade nachsinnen. Ihre Unabhängigkeit trägt ebenfalls zum Nimbus des Geheimnisvollen bei, der sie umgibt. Wir verstehen nicht immer die Beweggründe für ihr Verhalten, wissen manchmal nicht einmal, wo unsere Katzen gerade sind oder was sie im Augenblick tun.

Katzen scheinen darüber hinaus in der Lage zu sein, gewisse Ereignisse vorauszuahnen, und viele Menschen glauben, dass sie eine übersinnliche Wahrnehmungsfähigkeit besitzen. Was Katzen betrifft, wäre es wohl zutreffender, von hervorragender Wahrnehmungsfähigkeit zu sprechen, da es ihre phänomenalen visuellen und auditiven Fähigkeiten und ihre außergewöhnliche Beobachtungsgabe sind, die es ihnen ermöglichen zu reagieren, lange bevor wir uns irgendeiner Veränderung bewusst werden.

Aufgrund der Schläue der Katze ist es verlockend, ihr eine größere Intelligenz zuzuschreiben, als sie möglicherweise tatsächlich besitzt, und um die Katze ranken sich mehr Mythen und Legenden als um irgendein anderes Tier. Die alten Ägypter zum Beispiel glaubten, dass Katzen übernatürliche Kräfte besäßen, die ih-

nen von den Göttern verliehen wurden. Als tierische In-
karnation Bastets – der Göttin der Fruchtbarkeit, des
Glücks und des Mondes – schrieb man ihnen die Fähigkeit zu, die Fruchtbarkeit der Menschen und auch
der Erde positiv zu beeinflussen. Diese Verbindung ist
nachvollziehbar, da Katzen selbst sehr fruchtbare Wesen sind. Die Ägypter nahmen auch an, dass die phos-
phoreszierenden Augen der Katze nach dem gleichen
Prinzip funktionierten wie der Mond bei Nacht, indem
sie »gespeichertes« Sonnenlicht reflektierten.

Der Assoziation von Katze und Mond begegnen wir
in Legenden immer wieder. In der römischen Mythologie symbolisierte die Katze Diana, die Göttin der Jagd
und des Mondes. Diana und die Katze wurden darüber hinaus mit Hekate identifiziert, ursprünglich die
Mondgöttin in der römischen Mythologie, später die
Göttin der Unterwelt. Hekate besaß »böse« übernatürliche Kräfte, die auf die Katze übertragen wurden, wie
zum Beispiel die Fähigkeit, sich in eine Hexe zu verwandeln und Menschen zu verzaubern.

Eine der größten Förderinnen solcher Mythen über
die Katze war die christliche Kirche im Europa des
Mittelalters. Als sie ihre Macht vom unzufriedenen
Volk bedroht sah, gab die Kirche einer angeblichen
Epidemie dämonischer Hexen und ihrer teuflischen
Begleiter, den Katzen, die Schuld an allen Übeln der
damaligen Zeit. In ganz Europa und in den Kolonien
Nordamerikas wurden letztlich alle Gesellschafts-
schichten davon überzeugt, dass Katzen eine Bedro-
hung für den Menschen seien. Sir Walter Scott zum
Beispiel glaubte, dass sie von bösen Gedanken erfüllt
seien, und behauptete, dies komme »zweifellos daher,

dass sie zu engen Kontakt mit Hexern und Hexen pflegen«.

Über 300 Jahre wurden Katzen als Dienerinnen des Satans und Komplizinnen zahlreicher »Hexen« verfolgt, die vor Gericht gestellt und beinahe ausnahmslos für schuldig befunden wurden. Ende des 19. Jahrhunderts verloren sich viele der alten Mythen, die sich um die Katze rankten, dank der objektiven und rationalen wissenschaftlichen Entwicklung. Die Wissenschaft hat zum Beispiel erforscht, wie einige der alten Mythen überhaupt entstanden sein könnten. Die belegte Fähigkeit der Katze, Ultraschalltöne und Veränderungen in der Atmosphäre wahrzunehmen und somit einen Wetterumschwung im Voraus zu spüren, ist nur ein Beispiel dafür.

In einigen Kulturen hat der Mensch diese Fähigkeiten der Katze erkannt und sie sich zunutze gemacht. Die chinesische Regierung beispielsweise hat 1970 begonnen, das Verhalten von Katzen und anderen Tieren in einigen seismografischen Zentren zu beobachten, um aus Veränderungen in ihrem Verhalten zu schließen, ob vielleicht ein Erdbeben bevorsteht. 1975 wurde im Stadtzentrum von Haicheng beobachtet, dass die Katzen sich eigenartig verhielten, woraufhin die gesamte Stadt evakuiert wurde. Am darauffolgenden Tag wurde die ganze Umgebung von einem Erdbeben verwüstet.

Aber während die Wissenschaft viele Mythen um die Katze als Humbug entlarvt hat, kam von ihr gleichzeitig die Bestätigung, dass Katzen tatsächlich hochintelligent sind. Viele Tierpsychologen sind fasziniert von der Katze, weil es heißt, ihr Hirn wäre dem des Menschen in seiner Struktur und Funktionalität am ähnlichsten. In Laborversuchen, die speziell darauf ausgerichtet waren, die Intelligenz der Katze zu testen, haben die Tiere durchweg gute Resultate erzielt und eine beeindruckende Lern- und Kombinierfähigkeit an den Tag gelegt.

Viele Katzenbesitzer sind auch ohne wissenschaftliche Beweise von der Intelligenz ihrer Katzen überzeugt. Die Hauskatze hat ihren hohen Intelligenzgrad durch die Art unter Beweis gestellt, mit der sie sich einen Platz in den modernen Haushalten erobert hat. Katzen gelingt es, sich Nahrung, ein warmes Plätzchen und andere Annehmlichkeiten zu verschaffen, ohne hierfür irgendeine Gegenleistung zu garantieren. Im Gegensatz zu Hunden, die unsere Häuser bewachen und dem Menschen im Austausch gegen die Annehmlichkeiten des domestizierten Lebens ihre unerschütterliche Loyalität schenken, wissen Katzen im Allgemeinen, wie sie bekommen, was sie wollen, ohne große Opfer zu bringen. Tatsächlich vermitteln Katzen uns das Gefühl, dass sie bei uns leben, weil sie es so wollen. Man gewinnt den Eindruck, dass sie durchaus in der Lage sind, für sich selbst zu sorgen, sollten sie beschließen, in die freie Natur zurückzukehren!

Mithilfe dieses Buches haben Katzenbesitzer nun Gelegenheit, die Intelligenz ihres Lieblings zu ermitteln und jegliche Spekulationen über ihre geistigen Fähigkeiten zu bestätigen oder zu widerlegen. Die Besitzer beantworten jede Frage anstelle der Katze, wobei sie sich weitestgehend auf Beobachtungen ihres Verhaltens stützen. Bei einigen Fragen, die die spontane Reaktion auf bestimmte Stimulanzen und Situationen betreffen, erfordert der Test auch die Anwesenheit der Katze.

Dieser Intelligenztest soll zwar genau sein, aber vor allem auch Spaß machen. Die Fragen sind in vier Bereiche unterteilt: visuelle Fähigkeiten, auditive Fähigkeiten, Sozial- und häusliches Verhalten. Jede der Fragen dient dazu, die Fähigkeit der Katze in Bezug auf intelligentes und analytisches Denken hin zu testen.

Der Test deckt einige der gleichen Bereiche ab wie einige Intelligenztests für Menschen. Hierzu gehören das verbale Verständnis (die Reaktion Ihrer Katze, wenn Sie sie beim Namen rufen), das Vokabular (der Umfang, in dem sie Katzenlaute versteht), die räumliche Einschätzung (die Einschätzung der Höhe eines Küchenschranks) und die Fähigkeit zu analytischem Denken (wie sie sich zusätzliches Futter erschleicht).

Die Gesamtpunkte, die eine Katze erzielt, lassen sich mithilfe der Grafik in dem Abschnitt »Testergebnisse« ablesen. Der durchschnittliche Wert einer Katze liegt bei 100 und wurde anhand einer repräsentativen Zahl von Hauskatzen ermittelt, die alle dem in diesem Buch vorgestellten Test unterzogen wurden und in der Teilnehmerliste am Ende des Buches namentlich genannt sind. Sie können anhand dieser Auswahl von Hauskatzen ermitteln, ob Ihr Liebling als völlig ignorant, zeitweilig recht clever, durchschnittlich, überdurchschnittlich, hochintelligent, außergewöhnlich intelligent oder sogar klüger als Sie selbst einzustufen ist.

Und was ist mit Ihrem eigenen IQ als Katzenbesitzer? Beziehungen zwischen Katzen und ihren Besitzern können sehr komplex sein, wie die wachsende Popularität von Katzentherapeuten und -psychologen belegt. Einige sagen, dass nicht die Katze von ihrem Besitzer

erzogen wird, sondern der Mensch von seiner Katze. Wie oft setzt Ihre Katze ihren Willen durch, scheinbar ohne auch nur eine Sekunde daran zu zweifeln, dass es ihr gelingen wird? Viele Besitzer genießen es, ihre Katze zu verwöhnen, während andere versuchen, Herr im Haus zu bleiben.

Mithilfe dieses Buches können Sie auch Ihren eigenen Intelligenzgrad in Ihrer Eigenschaft als Katzenbesitzer messen. Wie schon beim Intelligenztest für Katzen wurde auch hier größerer Wert auf Spaß als auf wissenschaftliche Genauigkeit gelegt, dennoch verrät der Test Ihnen Genaueres über die Beziehung zu Ihrer Katze.

Der Test ist darauf ausgerichtet, Ihre Bemühungen in dieser Beziehung, Ihr Verantwortungsbewusstsein sowie Ihr Verhalten und die Gefühle Ihrer Katze gegenüber zu messen. Nach einigen Hintergrundfragen, die Ihre Erfahrung mit Katzen unter die Lupe nimmt, ist der Test in drei weitere Abschnitte unterteilt, die Ihre Zuneigung, ihre Sensibilität und den Grad der Erziehung, den es Ihnen gelungen ist, Ihrer Katze angedeihen zu lassen, zu ermitteln – und umgekehrt!

Wenn Sie alle Fragen beantwortet und alle Punkte zusammengezählt haben, können Sie zum Abschnitt »Testergebnisse« übergehen und Ihren IQ als Katzenbesitzer feststellen. Anschließend gilt es, einen Blick auf die Intelligenzeinstufungstabelle der Katzenbesitzer zu werfen und nachzulesen, welchem Katzenbesitzertypus Sie angehören. Die Kategorie mit der höchsten Punktzahl umfasst diejenigen unter den Besitzern, die ihren Schatz über alles lieben und es in hohem Maße genießen, die Katze zu verwöhnen. Die Kategorie mit der zweithöchsten Punktzahl umfasst die Seelenverwandten unter den Katzenbesitzern, die ihre Katze sehr gut behandeln, aber darauf achten, sie nicht zu sehr zu verwöhnen. In der dritten Kategorie rangieren die flexiblen Katzenbesitzer, die ihrer Katze rationaler begegnen, den Wünschen ihrer Katze aber doch häufiger nachgeben, als ihnen vielleicht bewusst ist. Der Kategorie mit der niedrigsten Punktzahl gehören die praktisch veranlagten Katzenbesitzer an, jene, die die Anwesenheit und Gesellschaft einer Katze zu schätzen wissen, es jedoch vorziehen, in Bezug auf Pflege und Aufmerksamkeit nicht allzu sehr gefordert zu werden – je selbstständiger die Katze, desto besser. Detaillierte Beschreibungen der idealen Katze und Katzenrasse für den jeweiligen Besitzertypus werden im Anschluss an den Test gegeben.

Am Ende des Buches finden Sie außerdem einen Fragebogen, auf dem Sie Ihren und den IQ Ihrer Katze eintragen können, sowie einige andere wichtige Informationen; zum Beispiel wie lange Sie bereits Katzenbesitzer sind, das Alter Ihrer Katze und deren Rasse. Die Autorin sammelt diese Daten für weitere Auswertungen der IQs von Katzen und ihren Besitzern aus aller Welt. Sie wäre Ihnen sehr dankbar, wenn Sie sie bei ihren Nachforschungen unterstützen würden.

Viel Spaß bei diesem Test – und vergessen Sie nicht, dass der Erfolg der Beziehung zwischen einer Katze und ihrem Besitzer von zahlreichen Faktoren abhängig ist – und die jeweiligen IQs spielen dabei eine sehr untergeordnete Rolle.

II.

Der Begriff der Katzenintelligenz

Intelligenz ist ein abstrakter, sehr schwer definierbarer Begriff. In Wörterbüchern heißt es oft, hierbei handle es sich um »die Auffassungsgabe« oder »die Fähigkeit, eine Bedeutung zu erfassen und zu begreifen«. Wenn man die Intelligenz eines Tieres als seine Fähigkeit definiert, einen Gedanken oder eine Situation zu erfassen, müsste der Grad des Verstehens mit dem Grad der Intelligenz des Tieres übereinstimmen.

Intelligenzgrade sind beim Menschen leichter festzustellen als bei anderen Lebewesen. Menschen können ihre Auffassung einer bestimmten Konzeption in sprachlicher oder schriftlicher Form zum Ausdruck bringen und erklären. Wenn es um die Intelligenz anderer Lebewesen geht, sind wir darauf angewiesen, aus ihrem Verhalten Rückschlüsse auf ihre Intelligenz zu ziehen. Einzelne Punkte sind relativ leicht zu beurteilen, zum Beispiel wie ein Tier eine bestimmte Situation angeht, wie es sie analysiert und löst. Doch die Fähigkeit zu intelligentem Denken bei einem bestimmten Tier in seiner Gesamtheit zu ermitteln, ist ein schwieriges Unterfangen.

Die Katze in der Wissenschaft

Die ersten Intelligenztests für Menschen wurden im Jahr 1905 von dem französischen Psychologen Alfred Binet entwickelt. Seine Tests sollten ursprünglich dazu dienen, die Auffassungsgabe von Kindern zu ermitteln, damit jene, die für den normalen Schulunterricht geistig zu schwerfällig waren, vom französischen Staat speziellen Sonderunterricht erhalten konnten.

Binets Test umfasste dreißig Fragen, die nach heutigem Standard als voreingenommen gelten würden, da sie dem Allgemeinwissen einer Person größeren Wert beimaßen als der Fähigkeit, eine Situation zu erfassen und logische Schlüsse zu ziehen.

Um die Intelligenztests für Menschen zu verbessern, wurde vorgeschlagen, das Element des Allgemeinwissens außer Acht zu lassen und die geistigen Fähigkeiten stattdessen anhand einer großen Vielfalt von Problemstellungen und geistigen Aufgaben zu ermitteln. Immerhin lag der Sinn darin, die Auffassungsgabe zu testen und nicht den Umfang des gespeicherten Wissens.

Daher wurden die Intelligenztests nach und nach verfeinert und erweitert, sodass die geistigen Fähigkeiten einer Person genauer gemessen werden konnten. Um zu vermeiden, eine bestimmte geistige Fähigkeit im Vergleich zu anderen überzubewerten, umfassten Intelligenztests schließlich sieben verschiedene Bereiche geistiger Fähigkeiten. Diese werden auch heute noch bei Befragungen für Menschen angewandt. Sie umfassen die Fähigkeit zu logischem Denken (beispielsweise die Komplettierung einer Serie), räumlichem Denken (die Nachbildung bestimmter Formen aus dem Gedächtnis), die Wahrnehmung (die Geschwindigkeit, mit der visuelle Details eines Bildes erfasst werden), das Erinnerungsvermögen, das Vokabular, das verbale Verständnis und die Fähigkeit, mit Zahlen umzugehen.

Den IQ der durchschnittlichen Hauskatze zu bestimmen ist ein wenig schwieriger, als den IQ eines Menschen zu ermitteln, vor allem deshalb, weil die Katze sich nicht in Worten äußern kann. Natürlich muss ein Intelligenztest für Katzen einen ebenso weiten Bereich geistiger Fähigkeiten abdecken wie derjenige für Menschen und doch gleichzeitig auch auf katzentypische Aktivitäten zugeschnitten sein. Wortgewandtheit und numerisches Talent wären beispielsweise unangebracht – zumindest was einen allgemeinen Test betrifft, der für die *durchschnittliche* Hauskatze gedacht ist!

In diesem Buch sind die Fragen in vier Hauptbereiche unterteilt: visuelle und auditive Fähigkeiten sowie soziales und häusliches Verhalten. Jede Frage ist dahin gehend formuliert, die Auffassungsgabe einer Katze zu ermitteln, so wie diese von ihrem Besitzer in alltäglichen Situationen beobachtet wurde. Die geistigen Fähigkeiten, die bei Intelligenztests für Menschen gemessen werden und in den Intelligenztest für Katzen aufgenommen wurden, umfassen das Gedächtnis (die Reaktion Ihrer Katze, wenn ihr ein lautes Elektrogerät gezeigt wird), das Vokabular (das Repertoire an Katzenlauten), räumliche Fähigkeiten (die Fähigkeit, verschiedene Ebenen zu erklimmen oder herabzusteigen), das verbale Verständnis (die Reaktion Ihrer Katze auf einen Befehl) und die Fähigkeit zu analytischem Denken (Reaktion Ihrer Katze, wenn Sie ihr Futter hinter dem Rücken verstecken).

Nachdem alle Fragen beantwortet sind und die Gesamtpunktzahl der Katze feststeht, kann diese mithilfe der Grafik im Abschnitt »Testergebnisse« in den Katzen-IQ umgerechnet werden. Wie bei Intelligenztests für Menschen (bei denen ein IQ von 100 den Durch-

schnittswert einer repräsentativen Anzahl von Test-
personen darstellt), liegt der durchschnittliche IQ für
Katzen ebenfalls bei 100, ermittelt anhand einer repräsentativen Anzahl von Hauskatzen.

Natürlich könnte man einwenden, dass es falsch ist,
die individuellen Testergebnisse mit denen anderer
Katzen zu vergleichen, die eine Vielzahl unterschied-
licher Altersklassen, erzieherischer Hintergründe und
anderer Charaktereigenschaften aufweisen. In Anbetracht der Vielschichtigkeit der Lebensweisen und Hintergründe innerhalb der menschlichen Bevölkerung
mag dies für den Intelligenztest bei Menschen zutreffen, aber bei der Population von Hauskatzen fallen
diese Unterschiede weniger ins Gewicht.

Die Verlässlichkeit menschlicher Intelligenztests
kann tatsächlich infrage gestellt werden, da eine Person, wenn sie zu verschiedenen Zeiten demselben Intelligenztest unterzogen wird, unterschiedliche Resultate
erzielen kann. Er oder sie mag eine höhere Einstu-
fung verdient haben, hat jedoch Schwierigkeiten mit
Tests im Allgemeinen oder war am Testtag nervös oder
krank. Beim »Ultimativen Intelligenztest für Katzen«
beantwortet der Besitzer jede Frage für die Katze, und
er ist es auch, der den Zeitpunkt wählt und darüber bestimmt, wie viel Zeit er auf den Test verwendet.

Darüber hinaus beruhen die meisten Fragen weitestgehend auf vorangegangenen Beobachtungen und Er-
fahrungen des Besitzers, die somit auf völlig natürlicher und unverfälschter Intelligenz (oder Dummheit!)
beruhen. Allerdings sollte nicht vergessen werden, dass
ein IQ sich insofern nicht von jeder anderen x-beliebigen Form physischer Bewertung unterscheidet, als er

nicht das wiedergibt, was tatsächlich vorhanden ist, sondern lediglich einen Anhaltspunkt der Dimensionen dessen bietet, was gemessen wurde.

Den IQ einer Katze zu ermitteln ist nur ein Weg, zu bestimmen, wie intelligent oder dumm eine Katze sein mag. Es wurden auch andere Methoden verwendet, die Intelligenz der Katzen zu testen und zu bewerten. Beinahe jedes Experiment und jede Versuchsreihe hat belegt, dass die durchschnittliche Katze tatsächlich ziemlich intelligent ist.

Was allerdings Labortests anbelangt, sind Katzen aufgrund ihres Unabhängigkeitsdrangs und ihrer wechselhaften Reaktionen auf Standardstimulanzen wie zum Beispiel einer Belohnung äußerst schwer zu beurteilen. Katzen sind in der Lage, die ihnen zur Verfügung stehenden Strategien zu analysieren, und werden sich für die entscheiden, die die wenigste Anstrengung erfordert.

Bei einem Experiment, das die Intelligenz der Katzen erfolgreich belegte, spielten Testkisten eine Rolle. Eine Katze wurde in eine geschlossene Kiste gesetzt und musste allein den Weg hinaus finden. Wen wird es überraschen, dass jede Katze genau dies im Sinn hatte. Es wurden verschiedene Kisten benutzt, aus denen herauszukommen immer schwieriger war. Aber in beinahe allen Fällen gelang es der Katze, auch aus den »schwierigsten« Kisten mit komplizierten Haken und Schnäppern an der Tür herauszukommen. Wenn man die Katze anschließend wieder in die Kiste setzte, erinnerte sie sich noch daran, wie sie beim vorangegangenen Mal herausgekommen war, und setzte dieses Wissen rasch um.

In einer anderen Testreihe, die von der Wesleyan-Universität in Connecticut durchgeführt wurde, bot man Katzen Leckerbissen an, die verführerisch außer Reichweite an Fäden aufgehängt waren. Eine Kiste auf Rädern, mit denen die Katzen bereits vertraut waren und die sie gelernt hatten durch den Raum zu ziehen, wurde in die Nähe gestellt. Nachdem die Katzen es erst auf konventionelle Art durch Springen oder Vorbeugen vom Deckel der nächsten Kiste aus versucht hatten, folgerten sie, dass, wenn sie die Kiste mit den Rollen direkt unter die Schnur schoben, sie die Leckerbissen leicht erreichen konnten.

Die Katze zu Hause

Beweise für die Intelligenz der Katzen lassen sich auch außerhalb des Labors leicht finden, und da wird mir jeder, der schon einmal sein Heim mit einer Katze geteilt hat, zustimmen. Neugier zum Beispiel, der allseits bekannte Indikator für Intelligenz, ist den meisten Hauskatzen eigen. Sie erkunden ihre Umgebung häufig, auch wenn sich dort nichts verändert hat.

Man weiß von Katzen, die sich selbst beigebracht haben, wie man Türen und Fenster und sogar den Kühlschrank öffnet. Sie können vertraute Geräusche wiedererkennen, vor allem solche, die sie mit Angenehmem in Verbindung bringen wie zum Beispiel das Öffnen ihrer Futterdose oder das Rascheln von Papier, wenn Sie *Ihr eigenes Essen* auspacken. Manche Katzen sind in der Lage zu lernen, zu ihrem eigenen Vergnügen Geräte zu bedienen. Sie wissen, wie man das Radio einschaltet oder wie man eine Videokassette abspielt und aus dem Rekorder holt.

Im Allgemeinen sind Katzen darüber hinaus aber auch in der Lage, die Verhaltensgrenzen zu respektieren, die ihr Besitzer ihnen auferlegt. Sie lernen, eine Katzentoilette zu benutzen, vor allem wenn man es ihnen frühzeitig beibringt. Die meisten Tiere lernen auch, nicht auf Küchentische oder -schränke zu springen, es sei denn, der Besitzer hat nichts dagegen. Kluge Katzen, denen es eigentlich verboten ist, springen nur auf die Arbeitsfläche oder den Tisch, wenn ihr Besitzer nicht in der Nähe ist!

Auch ohne die Hilfe eines Weckers scheinen viele Katzen instinktiv zu wissen, wann es an der Zeit ist, dass ihr Besitzer aufsteht, sie füttert oder von der Arbeit nach Hause kommt. In letzterem Fall kann man häufig beobachten, dass sie sich in Türnähe aufhalten und warten. Katzen sind ausgesprochen gute Beobachter ihrer Umgebung und erinnern sich manchmal besser als ihre Besitzer an tägliche Routinehandlungen. In dem Fall einer cleveren Katze zum Beispiel sah die morgendliche Routine so aus, dass der Katzenbesitzer aufstand, sich einen Tee machte und dann die Katze fütterte. Als er eines Tages verschlief und nicht nur das Frühstück, sondern auch das Mittagessen versäumte, holte die Katze einen alten Teebeutel aus dem Abfalleimer in der Küche und legte ihn dem Besitzer aufs Kopfkissen. Die Katze hatte kombiniert, dass eine Tasse Tee für den Besitzer bedeutete, dass es nicht mehr lange dauern würde, bis auch sie gefüttert wurde.

Andere Katzen spüren, wenn ihre Besitzer beabsich-

tigen, in den Urlaub zu fahren, und scheinen genau zu verstehen, was vor sich geht, wenn sie sehen, dass ein Koffer gepackt wird. Manchmal reagieren sie sogar beleidigt, noch bevor irgendetwas darauf hindeutet, dass ihr Besitzer in Kürze verreist.

Als meisterhafte Jäger verstehen Katzen sich glänzend darauf, sich zu verstecken. Sie können bei Bedarf geschickt ihr Umfeld einschätzen und sich die günstigste Angriffstaktik zurechtlegen. »Ich habe unsere junge ... Manx dabei beobachtet, wie sie beim Anschleichen vorsichtig einem trockenen Blatt auswich, offenbar weil sie wusste, dass das Rascheln oder Knistern die Beute, auf die sie es abgesehen hatte, gewarnt hätte«, schreibt Paul Corey, ein leidenschaftlicher Katzenbeobachter, in seinem Buch »Do Cats Think?« (Können Katzen denken?). »Dies ist ein so bemerkenswertes Detail in der Kunst des Jagens, dass es mir die fantastische Lernfähigkeit der Katzen zu belegen scheint.«

Manche Katzen legen sogar Köder für ihre Beute aus. Es wird von Katzen berichtet, die Brot in den Garten bringen, um Vögel anzulocken, und sich dann in der Nähe verstecken, bis der richtige Augenblick gekommen ist zuzuschlagen. Eine weitere dokumentierte Strategie besteht darin, dass die Katze Brot in einem bestimmten Abschnitt des Gartens verstreut und sich dann ganz still in die Mitte der Brotkrumen hockt; allerdings ist nicht ganz klar, ob die Katze extrem von sich überzeugt oder einfach zu dumm war, sich zu verstecken!

Wenn es darum geht, räumliche Entfernungen einzuschätzen, sind Katzen ebenfalls sehr geschickt. Sie verschätzen sich nur selten, wenn sie irgendwo hinaufspringen oder auch unter einer Fläche hinwegtauchen. In einem alten Sprichwort heißt es: »Wenn man eine Katze über ein Haus wirft, landet sie auf allen vieren.« Sicher stimmt es, dass Katzen, wenn sie das Pech haben abzustürzen, beinahe immer unverletzt auf den Pfoten landen – es sei denn, der Sturz erfolgt aus zu großer Höhe. Dies deutet auf die beeindruckende Fähigkeit hin, Entfernungen blitzschnell abzuschätzen – ganz zu schweigen von der Beweglichkeit des Körpers!

Die überlegene Konstitution der Katze

Katzen haben zahlreiche physische Charakteristiken entwickelt, die ihren Fähigkeiten zugutekommen, das, was um sie herum vorgeht, wahrzunehmen, zu begreifen und zu spüren. In vielen Fällen sind diese Fähigkeiten denen des Menschen überlegen. Wird Intelligenz als das Können definiert, sein Umfeld zu begreifen, können derart überlegene physische Attribute zum Intelligenzgrad der Katze ebenso beitragen wie zu unserer Überzeugung, dass die meisten Katzen sehr klug sind.

Wenn man den Menschen mit der Katze kreuzen könnte, würde dies dem Menschen zum Vorteil, der Katze jedoch zum Nachteil gereichen.
                                    Mark Twain (1835–1910)

Im Gegensatz zum Menschen können Katzen beispielsweise in beinahe völliger Dunkelheit sehen. Sie sind in der Lage, in fünfmal schwächerem Licht zu sehen als dem schwächsten Licht, in dem wir noch etwas erkennen können. Sie besitzen die Fähigkeit, die Pupillen ihrer Augen extrem zu verengen und zu erweitern. Hieraus resultiert die Fähigkeit der Katze, sich auch nachts völlig sicher zu bewegen.

Als erfahrene Jäger verfügen Katzen über eine verschärfte visuelle Reaktion auf jede noch so leichte Bewegung. Ihre Sehfelder überlappen sich, sodass sie über ein stereoskopisches Sehvermögen verfügen. Dies hilft ihnen bei der Einschätzung einer Distanz, wenn es darum geht, irgendwo hinaufzuspringen oder sich mit einem Satz auf eine Beute zu stürzen.

Katzen können stundenlang, ohne zu blinzeln, vor sich hin starren; dies kann ebenfalls den Eindruck erwecken, dass sie intelligenter sind als der Mensch, der weniger befähigt ist, Gegenstände zu fixieren.

Die Hörorgane der Katzen sind viel komplexer und höher entwickelt als unsere. Ihre Ohren bestehen aus dreißig verschiedenen Muskeln, die unseren hingegen nur aus sechs. Katzen können zum Beispiel Laute hören, die zwei Oktaven über dem höchsten Ton liegen, den wir wahrnehmen können.

Laute werden durch Schallwellen übertragen, und Menschen in den besten Jahren können Laute bis zu 20 000 Hertz wahrnehmen. Hunde sind in der Lage, höhere Frequenzen zu hören, und empfangen Schallwellen von bis zu 40 000 Hertz. Katzen jedoch können Laute auffangen, die mit über 65 000 Hertz, zuweilen sogar mit bis zu 100 000 Hertz an ihnen vorbeischießen. Tatsächlich rangiert das Quieken einer Maus auf dieser Ebene, unhörbar für den Menschen, aber für das scharfe Gehör der Katze sehr wohl wahrnehmbar.

Während sie scheinbar schläft, registriert eine Katze alles, was um sie herum vorgeht, und kann somit auch auf etwas reagieren, von dem Sie überzeugt waren, dass sie es nicht hören würde. Ein schönes Beispiel hierfür ist, wenn eine Katze offenbar tief und fest schläft, jedoch urplötzlich aufspringt, wenn die Kühlschranktür geöffnet wird. Joan Hendricks von der Pennsylvania-Universität zufolge sind Katzen fähig, »unglaubliche Mengen unbedeutender Geräusche zu filtern und nur die wichtigen Laute zu registrieren, während sie schlafen. Darum«, erklärt sie, »kann es den Anschein haben, als schlafe eine Katze bei laufender Waschmaschine oder angestelltem Staubsauger, um dann jedoch sofort aufzuhorchen, wenn in der Küche eine Dose geöffnet wird.«

In jungen Jahren hören Katzen besonders gut. Wenn zwei Geräusche aus derselben Richtung, aber aus unterschiedlichen Entfernungen kommen, sind sie sehr wohl in der Lage, sie zu unterscheiden. Kommen zwei Geräusche aus derselben Entfernung, aber im Abstand von nur 40 Zentimetern voneinander, vermag die Katze sie noch aus einer Distanz von 18 Metern zu unterscheiden. Eine Katze ist auch in der Lage, den Unterschied zwischen zwei Tonlagen zu erkennen, die weniger als einen Halbton auseinanderliegen.

Darüber hinaus verfügen Katzen über einen hoch entwickelten Geruchssinn, der es ihnen ermöglicht, ihre Umgebung durch Erschnüffeln zu begreifen. Die durchschnittliche Menschennase verfügt über etwa 9 Millionen spezieller Nervenrezeptoren, mit denen sie Gerüche erkennt. Die durchschnittliche Katzennase verfügt über 140 Millionen solcher Rezeptoren.

Ich bin überzeugt davon, dass Katzen niemals etwas vergessen ... Das Hirn einer Katze ist lange nicht so vollgestopft mit unnötigem Ballast wie das des Menschen.

Paul Corey, Do Cats Think? *(Können Katzen denken?)*

Die Katze wird häufig bei Experimenten eingesetzt, im Rahmen derer die Funktionsweise des menschlichen Gehirns untersucht wird, weil ihr Gehirn dem unseren in seiner Funktionalität und Struktur sehr ähnlich ist. Im Gehirn der Katze bilden die zuletzt entwickelten Bereiche einen Teil der Großhirnrinde, des größten und komplexesten Teils des Hirns, der alle jüngeren Bereiche umschließt. Die Großhirnrinde kontrolliert viele verschiedene Funktionen wie beispielsweise auch die mentalen Prozesse des Lernens, Analysierens und Speicherns sowie wichtige sinngebundene Fähigkeiten wie das Sehvermögen und das Gehör. Bei Säugetieren niedrigerer Entwicklungsstufen kann dieser Teil des Gehirns gut entwickelt sein, weist jedoch für gewöhnlich eine glatte Oberfläche auf. Bei Säugetieren höherer Entwicklungsstufen wie beispielsweise dem Menschen oder der Katze weist die Oberfläche hingegen zahlreiche Windungen und Furchen auf, die die materielle Kapazität des Hirns vergrößern und seine Leistungsfähigkeit somit steigern.

Während das Hirn der Katze nicht so groß ist wie das anderer Tiere, liegt sein Gewicht im Verhältnis zum Körpergewicht deutlich höher. Die Durchschnittskatze unserer Zeit verfügt über ein Verhältnis Hirn/Körpergewicht von 1:99. Bei einem Hund liegt das Verhältnis für gewöhnlich bei 1:235 und bei einem Pferd bei 1:593.

Das Gewicht des Gehirns ist bei der Ermittlung der Intelligenz weniger wichtig als andere Faktoren, so zum Beispiel der Masse weißer und grauer Materie, die das Gehirn enthält, oder der Komplexität seiner Struktur. Es besteht jedoch kein Zweifel daran, dass das Gehirn einer Katze hoch entwickelt und durchaus in der Lage ist, komplizierte Gedankengänge anzustellen, ganz abgesehen davon, dass die Sinneswahrnehmungen der Katze höher entwickelt sind als die unseren.

Die überlegene äußere Erscheinung der Katze

Weise auszusehen ist ebenso gut wie etwas tatsächlich zu verstehen, und außerdem viel leichter.
Oscar Wilde, Das Bildnis des Dorian Gray

Auch wenn Katzen kein hoch entwickeltes Gehirn hätten und ihre Sinneswahrnehmungen nicht so ausgeprägt wären, würden ihre äußerliche Erscheinung und ihre Haltung die Präsenz eines aktiven Geistes suggerieren. Katzen bewegen sich mit einer Anmut, die die der meisten anderen Wesen übertrifft, strahlen unerschütterliche Selbstsicherheit aus und erwecken den Eindruck, ihren Körper und ihre Umgebung gleichermaßen zu beherrschen. Sogar die dümmsten Katzen sind für gewöhnlich anmutig. Die natürliche Geschmeidigkeit und Kontrolle, die ihre Bewegungen ausstrahlen, übertreffen bei Weitem die des Menschen.

Die Anmut und Koordination ihrer Bewegungen werden bei den Menschen nur von Tänzern erreicht.

Patricia Dale Green, Cult of the Cat
(Der Kult um die Katze)

Der Körper der Katze ist viel beweglicher und geschmeidiger als der des Menschen. Ihr Skelett setzt sich aus 244 Knochen zusammen, das des Menschen nur aus 204. Außerdem verfügen Katzen über eine bessere Koordination der Muskulatur. Sie sind in der Lage, auf Gegenstände zu springen, deren Höhe die ihre um ein Vielfaches übersteigt, und nach einem Sturz auf allen vieren zu landen.

Einer der Gründe dafür, dass Katzen sich mit solcher Eleganz und Lautlosigkeit bewegen, ist der, dass sie »Zehengänger« sind. Mit anderen Worten, sie laufen auf den Zehen anstatt auf den Fußsohlen. Dies beeinflusst nicht nur ihren Gang, sondern ist auch beim Anschleichen an eine Beute sehr nützlich. Katzen scheinen auch stets im Gleichgewicht zu sein, da sie ihren Schwanz zum Ausbalancieren benutzen.

Um ihre intelligente Ausstrahlung abzurunden, legen die meisten Tiere scheinbar mühelos eine überzeugende Überlegenheit an den Tag. Sie verhalten sich anderen gegenüber häufig würdevoll und überheblich, wobei ihre Verachtung und ihr völliges Desinteresse entweder nur gespielt oder aber tatsächlich empfunden sind.

Die intelligente Katze lässt sich nur kurze Zeit von ihrem eigenen Tun oder dem anderer Menschen oder Tiere fesseln – wenn überhaupt. Dumme Katzen verlieren jedoch ebenso schnell die Lust, weil es ihnen schwerfällt, sich zu konzentrieren.

Viele Katzen haben außerdem die witzige Angewohnheit, ihre Umgebung prüfend zu betrachten wie weise alte Männer, die alles, was sie sehen, nicht nur beobachten, sondern darüber philosophieren. Dies geschieht meistens, wenn die Katze auf einem günstigen Beobachtungsposten sitzt, die Augen halb geschlossen und den Kopf hoch erhoben.

Oh kleine Katze mit den gelben Augen,
Die du thronst auf meinem Gartenzaun,
Unnahbar, gleichmütig und gelassen –
Und so unaussprechlich weise.

Helen Vaughan Williams,
O Little Cat with Yellow Eyes
(Oh kleine Katze mit den gelben Augen)

Der Umstand, dass Katzen für gewöhnlich stille Wesen sind, trägt noch zu ihrer weisen und wissenden Ausstrahlung bei. Die Vermutung liegt nahe, dass ihre Ruhe für ein allumfassendes Verständnis der Dinge um sie herum spricht.

Die Katze in der Mythologie und in Legenden

Lange bevor wissenschaftlich bewiesen wurde, dass Katzen intelligente Wesen sind, wurde dies aufgrund ihrer stolzen Haltung, ihrer selbstsicheren Art und ihrer außergewöhnlichen Sinneswahrnehmungen bereits allgemein angenommen. Zahlreiche Mythen und Le-

genden basieren auf dem Glauben, dass Katzen nicht nur intelligent sind, sondern außerdem über übernatürliche Kräfte verfügen.

Eines der interessantesten und hartnäckigsten Themen in diesen Legenden ist der Glaube, Katzen besäßen seherische Fähigkeiten. Schon im alten Ägypten glaubten die Menschen, Katzen besäßen das zweite Gesicht. Daher ist es nur zu verständlich, dass der altägyptische Name für Katze »Mau« lautete, was so viel bedeutet wie »sehen«. Die Ägypter haben die Katze verehrt und zum tierischen Abbild einer ihrer wichtigsten Göttinnen gewählt, Bastet, die Fruchtbarkeit und seherische Fähigkeiten in sich vereinte. Bastets göttliche Schwester, Sekhmet, wurde teilweise ebenfalls als Katze dargestellt, und auch ihr schrieb man die Fähigkeit des Hellsehens zu. Da Sekhmet für Gerechtigkeit und Stärke im Kampf stand, begleiteten Priester oder Priesterinnen der Göttin die Soldaten in die Schlacht. Sie beriefen sich auf Sekhmets seherische Kräfte, um vorauszusagen, wo der Feind zuschlagen würde.

Grabmalereien, Statuen und andere Darstellungen von Bastet beinhalteten oft ein gemeißeltes oder gemaltes Amulett in Form des dritten Auges, dem Symbol der Hellseher. Als Symbol für Bastet und die Katze wurde das heilige Auge »utchat« genannt, was »Träger geistiger und körperlicher Gesundheit« bedeutet.

Katzenamulette mit der Abbildung des dritten Auges wurden in jeder erdenklichen Form und Größe sowie aus den verschiedensten Materialien gefertigt. Sie wurden aufgrund der hellseherischen Fähigkeiten, die sie auf den Menschen übertragen sollten, in Tempeln und

Häusern aufbewahrt oder als Schmuck getragen. Wenn ein Amulett Katze und Auge darstellte, wurde es als besonders mächtig betrachtet, als wirkungsvolle Abwehr gegen Krankheiten und Böses sowie als Beschützer der Seelen von Toten.

Der Glaube, dass die Katze hellseherische Fähigkeiten besitze, setzte sich auch nach dem Untergang der altägyptischen Zivilisation fort. Im Europa des Mittelalters ließ man eine Katze über einen fieberkranken, fantasierenden Menschen laufen, damit er wieder »klar sehen« könne. Man glaubte, das zweite Gesicht zu erlangen, wenn man ein Amulett trug, das aus den Augen einer schwarzen Katze und der Gallenblase eines Menschen gefertigt war. Zur gleichen Zeit glaubte man in England, dass Kinder, die mit Schildpattkatzen spielten, hellseherische Fähigkeiten entwickeln würden, sodass man sie häufig hierzu ermutigte. Um den Teufel zu erkennen, lehrte der jüdische Glaube einst seine Anhänger, die Plazenta einer schwarzen Katze zu verbrennen und sich die zerstoßene Asche in die Augen zu reiben.

Ein weiterer weitverbreiteter Aberglaube, der mit den hellseherischen Fähigkeiten der Katze in Verbindung steht, ist die Überzeugung, dass diese Tiere übersinnliche Kräfte besitzen. Die außergewöhnlich hoch entwickelten Sinneswahrnehmungen der Katze übertreffen in beinahe jeder Hinsicht die des Menschen, sind jedoch nicht unbedingt als übernatürlich zu werten. Das überlegene Seh- und Hörvermögen ermöglicht es ihnen, Wetterschwankungen, Erdbeben oder auch nur das bevorstehende Eintreffen einer Person »vorauszusehen«, und ihre »frühe« Reaktion auf diese Ereignisse lässt es so erscheinen, als verfügten sie über übersinnliche Kräfte.

Dies erklärt jedoch nicht, wie es Katzen gelingt, instinktiv, häufig über große Entfernungen, den Weg nach Hause zurück zu finden, nachdem sie entlaufen waren oder ausgesetzt wurden. Tatsächlich gibt es keine wissenschaftliche Erklärung für dieses Phänomen, und es lassen sich nur Mutmaßungen darüber anstellen, ob es auf telepathische Fähigkeiten zurückzuführen ist. Nichtsdestotrotz untermauert es den Mythos, Katzen besäßen übersinnliche Kräfte.

In anderen Legenden hieß es, Katzen verstünden die Funktionsweise des Himmels, der Sonne und des Mondes. Die alten Ägypter glaubten, dass die Augen der Katze auf die gleiche Weise funktionierten wie der Mond bei Nacht und gespeichertes Sonnenlicht reflektierten. In einer zweiten Version des Mythos hieß es, sie reflektierten das Licht des Sonnengottes Re, zu dem nur Katzen und die Mondgöttin Zugang hatten. Wie der Mond, die Sonne und die Götter, die sie darstellten, war man der Überzeugung, Katzen könnten Licht erzeugen, um im Dunkeln zu sehen.

Die Chinesen glaubten ebenfalls, Katzen stünden mit der Sonne in Verbindung, und blickten in Katzenaugen, um die Tageszeit zu bestimmen. Da die Größe der Pupille eines Katzenauges sich je nach Lichteinfall verändert, kann das Auge groß und strahlend aussehen, mit einer Pupille, die nur einen schmalen Schlitz bildet, oder dunkel und brütend, wenn die Pupille vollständig erweitert ist. Mit diesem Wissen zog man das Augenlid einer Katze zurück, um zu bestimmen, wie hoch die Sonne über dem Horizont stand, und anhand dessen eruierte man die ungefähre Tageszeit. In anderen Regionen glaubte man, den Stand der Gezeiten an den Pupillen eines Katzenauges ablesen zu können. Eine geweitete Pupille deutete auf Ebbe hin, während eine verengte Pupille Flut signalisierte.

Katzen gehören auch zum astrologischen Kalender der Chinesen. Die Zeit ist in Zwölfjahreszyklen unterteilt, wobei jeweils ein Tier für ein Jahr steht. Bei der Geburt eines Menschen glauben die Chinesen, dass dieser viele der Eigenschaften jenes Tieres in sich vereint, das für das Geburtsjahr steht. Die Menschen, die im Jahr der Katze geboren sind, gelten als intelligent, altruistisch, diskret und vornehm, aber auch als falsch, arrogant und überempfindlich. Das letzte Jahr der Katze war 1987.

In zahlreichen Mythen wurde der Katze die Fähigkeit zugesprochen, das Wetter vorauszusagen. Die Schotten glaubten, dass, wenn eine Katze an einem Tischbein kratzte, Sturmböen im Anzug wären. In einem Mythos unbekannten Ursprungs heißt es, dass eine Katze, die sich hinter den Ohren putzte, Regen ankündige. Dieser Aberglaube stammt offensichtlich aus einem regnerischen Land, da die meisten Katzen diese Handlung täglich wiederholen! Die Chinesen interpretierten das Blinzeln eines Katzenauges als Ankündigung von Regen. Auch an den Schnurrhaaren sollte das Wetter abzulesen sein: Hingen sie herab, stand Regen bevor, standen sie gerade ab, war mit schönem Wetter zu rechnen.

In einigen Ländern glaubte man, dass die Schlafhaltung einer Katze auf bestimmte Wettereinflüsse schließen ließe. Schlief sie mit dem Kopf zwischen den Pfoten, würde es Regen geben. Hielt sie die Pfoten unter den Körper geknickt, kündigte sich ein Kälteeinbruch an. Schlief sie hingegen lang ausgestreckt, verhieß das schönes Wetter. Eine Katze, die beim Schlafen die Vorderpfoten über die Nase gelegt hatte, warnte vor böigen Winden.

Andere Legenden gingen so weit zu behaupten, dass Katzen die Fähigkeit besäßen, das Wetter zu beeinflussen, und über eine Reihe übernatürlicher Kräfte verfügten, die sie mit den Göttern teilten.

In vielen Kulturen wurden Katzen beispielsweise feierlich um ein dürres Feld getragen und anschließend in Wasser getaucht, um Regen zu bringen. In Westeuropa glaubte man, eine gute Ernte zu erzielen, wenn man eine Katze auf einem frisch bepflanzten Feld lebendig begrub. Als Repräsentanten des altägyptischen Sonnengottes Re schrieb man Katzen die Fähigkeit zu, die Sonne und somit die Fruchtbarkeit der Erde und auch die des Menschen zu beeinflussen.

Die Kelten glaubten, dass Katzen mit der Welt des Übernatürlichen in Verbindung stünden und man Elfen in ihren Augen sehen könne, wenn man sie lange genug fixiere. Parallel hierzu waren sie der Meinung, dass Elfen sich der Katzenaugen bedienten, um das Treiben der Menschen zu beobachten. Vielleicht war diese Überzeugung auf den unangenehmen hypnotischen Effekt zurückzuführen, den Katzenaugen auf jemanden haben können, der lange in sie hineinsieht. In einem Buch aus dem Jahre 1584 mit dem Titel »Beware of the Cat« (auf Deutsch etwa: Vorsicht vor der Katze) wurden Menschen vor den üblen Konsequenzen gewarnt, die das Töten einer Katze nach sich ziehen würde. Der

Autor glaubte, dass die Katze zurückkehren und Rache nehmen würde, indem sie den Menschen, der sie getötet habe, bis in alle Ewigkeit verfolge. Im Gegensatz hierzu war man in China davon überzeugt, dass man Katzen dazu benutzen könne, böse Geister fernzuhalten. Da die Augen einer Katze im Dunkeln leuchteten, schrieb man ihnen besondere Eigenschaften zu, zu denen auch die Fähigkeit zählte, Dämonen in die Flucht zu schlagen. Nachts hielten viele Haushalte ihre Katze draußen angekettet, damit sie das Haus vor solchen Geistern beschützte.

Darüber hinaus gibt es eine lange Tradition, die der Katze mystische Heilkräfte zuspricht. Der römische Historiker Plinius glaubte, dass Katzenexkremente mit anderen Ingredienzien vermischt ein Heilmittel für Menschen abgäben. Mit Rosenöl und Harz vermengt sollten sie beispielsweise Gebärmuttergeschwüre heilen, mit Senf verrührt Geschwüre am Kopf. Eine zähe Paste, der unter anderem Kot und eine geringe Menge Wein beigemischt wurden, empfahl man zum Entfernen von Dornen.

Edmund Topsell, Naturgeschichtler des 17. Jahrhunderts, nannte in seinem Buch »History of Foure-Footet Beastes and Serpentes« (Geschichte der Vierbeiner und der Schlangen) unter anderem einige Möglichkeiten, wie Katzen für medizinische Zwecke eingesetzt werden könnten. So beschrieb er ausführlich eine Methode zur Heilung von Blindheit, bei der der Kopf einer schwarzen Katze verbrannt wurde, bis nur noch Asche übrig war, die dann mit einem Federkiel auf das Auge aufgetragen wurde. Andere Heilmethoden bestanden darin, pulverisierte getrocknete Katzenleber gegen Blasensteine einzunehmen, und Katzenfett konnte angeblich Gicht heilen.

Katzenhaut und Katzenfelle galten in vielen Teilen der Welt ebenfalls als gesundheitsfördernd. In Japan beispielsweise wurden Epilepsie- und Gastritiskranken das Fell einer schwarzen Katze auf den Bauch gelegt. In Holland und einigen anderen europäischen Ländern wurden mit den Häuten kurz zuvor gestorbener Katzen Hautkrankheiten und Halsinfektionen behandelt. Nach dem Großen Brand von 1666 in London wurden Brandwunden mit weichen Katzenfellen bedeckt, um sie vor Luft zu schützen und hierdurch den Schmerz ein wenig zu lindern.

Dem Schwanz der Katze schrieb man die meisten Heilkräfte zu und verwendete sie am häufigsten bei Heilbehandlungen. Keltischem Aberglauben nach würde jemand, der einer Katze auf den Schwanz trat, an einem Schlangenbiss sterben. In ganz England rieb man Menschenaugen mit den Schwänzen schwarzer Katzen aus, um Gerstenkörner zu entfernen. Die Einwohner von Northamptonshire entwickelten ihre eigene Version dieses Aberglaubens und behaupteten, ein einziges Haar vom Schwanz eines schwarzen Katers reiche aus, ein Gerstenkorn zu entfernen, wenn man neunmal mit dem Haar darüberstrich. Als Rundumschutz gegen Krankheiten innerhalb der Familie empfahl ein anderer Mythos, den Schwanz einer schwarzen Katze unter der Türschwelle zu vergraben.

In schweren Fällen bestimmter Krankheiten wurden komplizierte Behandlungsmethoden angewandt, bei denen auch Katzen eine Rolle spielten. »Litt beispielsweise jemand an unerträglichem Juckreiz«, schreibt

Angela Sayer, »ließ ein Linkshänder dreimal eine schwarze Katze über seinem Kopf kreisen. Dann wurden drei Tropfen Blut aus dem Schwanz mit der Asche neun gebackener Gerstenkörner vermischt. Diese Paste wurde dann mit einem goldenen Ehering auf die betroffene Stelle aufgetragen, gleichzeitig sollte die Dreifaltigkeit angerufen werden. Wenn man Glück hatte, wurde man seinen Juckreiz los.«

Heute ist die Vorstellung von der Katzenintelligenz bei Weitem objektiver. Sie wird zu wissenschaftlichen Zwecken und zum besseren Verständnis unserer Katzen in Laborexperimenten quantifiziert und getestet, und im gleichen Zug werden Mythen und Aberglaube, die Kräfte und Fähigkeiten der Katzen betreffend, abgebaut.

Aber ob nun im Kontext weitverbreiteter Mythen oder wissenschaftlicher Fakten, die Katze wurde vom Menschen fast immer als intelligentes Wesen betrachtet, dessen Gedankengänge und Schlüsse wir möglicherweise nie so ganz werden nachvollziehen können. Sogar jene, die nicht sonderlich clever sind, schaffen es meist, uns durch ihr Auftreten und ihre Haltung das Gegenteil glauben zu machen. Doch in den meisten Fällen tragen das hoch entwickelte Gehirn und die außerordentlichen Sinnesfähigkeiten der Katze dazu bei, sie zu einem ebenso faszinierenden wie liebenswerten Haustier zu machen.

III.

Der ultimative
Intelligenztest für Katzen

Katzen sind ein geheimnisvolles Volk. In ihren Köpfen
geht mehr vor, als uns bewusst ist.

Sir Walter Scott

Die nun folgenden Fragen sollen dazu dienen, den IQ
Ihrer Katze zu ermitteln, und das auf zwar akkurate,
aber vor allem amüsante Art und Weise. Der Test setzt
sich aus 75 Fragen zusammen, die in vier Bereiche ge-
gliedert sind, die sich mit den visuellen und auditiven
Fähigkeiten sowie mit dem sozialen und häuslichen
Verhalten Ihrer Katze befassen.

Sie sollen pro Frage nur eine Antwort ankreuzen und
aufgrund Ihrer vorangegangenen Beobachtungen so
genau wie möglich antworten. Bezieht sich eine Frage
auf eine bislang unbekannte Situation, versuchen Sie,
sich vorzustellen, wie Ihre Katze vermutlich reagieren
würde, und kreuzen Sie die entsprechende Antwort an.
Sollte keine der möglichen Antworten auf Ihre Katze
zutreffen, wählen Sie die Antwort, die dem, was Sie
gerne auf diese Frage antworten würden, am nächsten
kommt. Notieren Sie jede Antwort zum späteren Ein-
trag in die Punktetabelle, die Sie im Anschluss an den
Test finden.

Nachdem Sie alle Punkte, die Ihre Katze erreicht
hat, zusammengezählt haben, können Sie das Ergebnis
mithilfe der Grafik im Abschnitt »Testergebnisse« in einen Katzen-IQ umrechnen.

Viel Spaß und viel Erfolg!

Visuelle Fähigkeiten

1. *Was tut Ihre Katze, wenn sie auf einer Fensterbank sitzt?*

   A Sie starrt blind hinaus.

   B Sie verfolgt das Geschehen draußen nur mit ganz allgemeinem Interesse.

   C Sie entdeckt gewöhnlich etwas, das sie fesselt.

2. *Wie reagiert Ihre Katze, wenn sie eine Maus vorbeilaufen sieht?*

   A Sie fängt sie beim ersten Anlauf und spielt dann mit ihr.

   B Sie jagt ihr hinterher, wird sie aber vermutlich nicht erwischen.

   C Sie blickt ihr nach.

   D Sie greift nur an, wenn die Maus dicht an ihr vorbeiläuft.

... nimmt man eine Katze bei sich auf und verwöhnt sie mit Milch und zartem Fleisch zuhauf – doch wehe, sie entdeckt an der Wand eine vorwitzige Maus, dann lässt sie Milch, Fleisch und alles andere stehen im Haus, so groß ist ihr Appetit auf eine Maus.

Chaucer, Canterbury Tales

3. *Nehmen Sie sich Mantel und Schlüssel, so als wollten Sie das Haus verlassen. Was tut Ihre Katze?*

   A Sie begleitet mich liebevoll zur Tür, traurig, dass ich weggehe.

   B Sie geht in die Küche, bereit, sie zu plündern, sobald ich fort bin.

C. Sie miaut, als ob sie »Auf Wiedersehen« sagen will.

D Sie nimmt überhaupt keine Notiz von meinem Tun.

4. *Versteckt Ihre Katze Gegenstände im Haus, und wenn ja, wie gut?*

A Ich bin sicher, dass sie das tut, aber ich habe nie herausgefunden, wo.

B Ja, das tut sie, und hin und wieder stoße ich auf ein Versteck.

C Nein, meiner Katze scheint es gar nicht in den Sinn zu kommen, etwas zu verstecken.

D Das weiß ich nicht.

5. *Wie reagiert Ihre Katze, wenn Sie eine geschlossene Büchse Katzenfutter vor sie hinstellen?*

A Sie untersucht die Büchse, so wie sie es bei jedem anderen Gegenstand auch tun würde, und verliert rasch das Interesse.

B Sie geht zu ihrem Fressnapf und wartet, in der Annahme, dass ich sie gleich füttern werde.

C Sie erkennt die Büchse wieder und wird ganz aufgeregt, versteht jedoch nicht recht, was das alles soll.

D Sie ignoriert die Büchse.

6. *Wie reagiert Ihre Katze, wenn Sie umziehen oder einfach nur die Möbel umstellen?*

A Sie erforscht vorsichtig jeden Winkel ihrer neuen Umgebung und braucht ihre Zeit, ehe sie sich heimisch fühlt.

B Sie sucht sich ein sicheres Versteck, das sie die nächsten Tage nur selten verlässt.

C Sie miaut und macht einige Zeit allgemein einen desorientierten Eindruck.

D Sie fügt sich rasch und selbstbewusst in die neue Umgebung.

7. *Wenn Ihre Katze auf einen niedrigen Tisch oder ein anderes Möbelstück zuläuft, unter dem sie sich verkriechen möchte, wie genau schätzt sie die Höhe ein?*

A Miserabel. Vermutlich wird sie das Tempo nicht vermindern und sich den Kopf stoßen.

B Sehr gut, sie wird aber langsam und vorsichtig unter das Möbelstück kriechen.

C Meisterhaft. Ich habe dies häufig bei meiner Katze beobachtet.

8. *Nehmen Sie ein Stück Fleisch – oder einen anderen Leckerbissen – und lassen Sie es vor der Nase Ihrer Katze hin- und herbaumeln, um es dann hinter dem Rücken zu verstecken. Wie reagiert Ihre Katze?*

A Sie mustert mich mit verächtlichem Blick und stolziert davon.

B Sie zeigt wenig Interesse, weil ihr nicht bewusst zu sein scheint, dass der Leckerbissen noch da ist, nur außer Sichtweite.

C Sie versucht, hinter meinen Rücken zu gelangen, um an das Fleisch heranzukommen.

D Sie macht ein verwirrtes, unglückliches Gesicht, sodass ich ihr den Leckerbissen nach einer Weile aus reinem Mitleid gebe.

9. *Ihre Haustür steht einen Spalt offen. Ihre Katze bemerkt es. Was tut sie?*

A Sie schiebt die Tür mit der Pfote zu.

B Sie schenkt der offenen Tür keine Beachtung.

C Sie nutzt die Gelegenheit für einen Erkundungsgang.

D Sie nähert sich zaghaft der Tür, überschreitet jedoch die Schwelle nicht.

10. *Starren Sie Ihrer Katze ins Gesicht, und wenn sie Ihren Blick erwidert, lächeln Sie. Wie reagiert Ihre Katze?*

A Sie schaut mich an, als hätte ich den Verstand verloren.

B Sie läuft weg.

C Sie reagiert überhaupt nicht.

D Sie kommt auf mich zu und fängt vielleicht sogar an zu schnurren.

11. *Katzen können im Dunkeln fünfmal besser sehen als Menschen. Wie würden Sie die Fähigkeit Ihrer Katze einschätzen, im Dunkeln zu sehen?*

A Unterdurchschnittlich. Sie ist manchmal ungeschickt und laut, wenn sie nachts durch die Wohnung geht.

B Das weiß ich nicht, weil sie die ganze Nacht durchschläft.

C Hervorragend. Sie ist nachts aktiver als tagsüber.

D Gut. Sie bewegt sich nachts sicher und leise.

12. *Wie gut kann Ihre Katze Entfernungen einschätzen, wenn es darum geht, auf eine Fensterbank oder einen Tisch zu springen?*

A Sehr gut. Sie verschätzt sich nie.

B Gewöhnlich sehr gut, wenngleich sie sich einige Male verschätzt hat.

C Das weiß ich nicht, weil meine Katze nirgendwo hinaufspringt.

13. *Ihre Katze liegt vor dem Fernseher, und es wird ein Werbespot gezeigt, in dem Katzen vorkommen. Wie reagiert sie?*

A Sie verfolgt das Geschehen auf dem Bildschirm ohne großes Interesse.

B Sie erkennt die »Katze« und streckt möglicherweise eine Pfote nach dem Bildschirm aus.

C Sie starrt ausdruckslos auf den Bildschirm.

D Sie erkennt die »Katze« und miaut oder faucht ängstlich.

14. *Wie reagiert Ihre Katze, wenn im Fernsehen fliegende Vögel gezeigt werden?*

A Sie behält den Bildschirm im Auge, reagiert aber nicht auf das, was sie sieht.

B Sie schläft ein.

C Sie sieht die Vögel über den Bildschirm fliegen und schaut dann hinter dem Fernseher nach, um zu erkunden, wohin sie verschwunden sind.

D Sie versucht, die Vögel zu fangen.

15. *Geben Sie ein wenig Futter in den Fressnapf Ihrer Katze und stecken Sie dieses, wenn sie gerade begonnen hat zu fressen, in eine Plastiktüte, die Sie neben die Futterschüssel legen. Wie reagiert Ihre Katze?*

A Sie ist sichtlich verärgert über diese Störung, verliert jedoch keine Zeit, reißt die Tüte auf und frisst weiter.

B Sie glaubt, es handle sich um ein neues Spiel, und macht sich mit Begeisterung daran, die Tüte zu öffnen.

C Sie schnuppert an ihrer Futterschüssel und an der Tüte, versucht jedoch nicht, die Tüte zu öffnen, um an das Futter heranzukommen.

D Sie begreift nicht ganz, was passiert ist.

Wenn wir beispielsweise die Katze nehmen, so sagt diese wenig, denkt aber umso mehr; Katzen stellen Schlussfolgerungen an.

Andrew Lang (1844–1912), Longman's Magazine

Das Hören betreffende Fähigkeiten

16. *Wie reagiert Ihre Katze, wenn Sie in der Küche sind und die Kühlschranktür öffnen?*

    A Sie erscheint ganz plötzlich in der Küche.

    B Sie kommt vielleicht herein, wenn sie gerade in der Nähe ist.

    C Sie würde vermutlich an der Küche vorbeigehen.

17. *Wie reagiert Ihre Katze, wenn Sie in ihrer Nähe eine Melodie singen oder summen?*

    A Sie tut ihre Meinung zu meiner Musikalität kund, indem sie den Raum verlässt.

    B Sie achtet nicht auf mich und fährt mit dem fort, womit sie beschäftigt war, als ich angefangen habe zu singen.

    C Sie geht unter einem Stuhl in Deckung.

    D Sie hört aufmerksam zu.

18. *Ihre Katze schläft friedlich, als plötzlich vom anderen Ende der Wohnung ein lautes und ungewohntes Geräusch ertönt. Wie reagiert sie?*

    A Sie rührt sich nicht.

    B Sie springt augenblicklich auf, um zu ergründen, was es mit dem Geräusch auf sich hat.

    C Sie geht dem Geräusch möglicherweise nach, zeigt sich aber gleichzeitig verärgert über die Störung.

19. *Registriert Ihre Katze, wenn man von ihr spricht?*

    A Ja.

B Manchmal, und dann genießt sie die Aufmerksamkeit, die man ihr schenkt.

C Nein. Sie ignoriert jegliche Unterhaltung.

20. *Wie reagiert Ihre Katze, wenn Sie sie beim Namen rufen?*

A Sie kommt.

B Sie erkennt ihren Namen, reagiert jedoch nur darauf, wenn ihr gerade danach ist.

C Sie scheint ihren Namen gar nicht mit sich in Verbindung zu bringen.

21. *Wie reagiert Ihre Katze, wenn jemand anderer als Sie sie ruft?*

A Sie realisiert, dass ihr Name gerufen wurde, reagiert jedoch nicht weiter, weil es nicht die Stimme ihres Herrchens/Frauchens war.

B Sie scheint gar nicht wahrzunehmen, dass Besuch da ist.

C Sie erkennt zuweilen ihren Namen, und dann kommt sie auch.

D Sie kommt nur, wenn derjenige, der sie ruft, ihr einen Leckerbissen anzubieten hat.

22. *Wie häufig reagiert Ihre Katze auf das Geräusch, das entsteht, wenn Futter in ihren Fressnapf gegeben wird?*

A Manchmal, wenn sie Hunger hat.

B Nie. Ich muss sie des Öfteren daran erinnern, wo die Futterschüssel steht.

C Immer, als hätte sie tagelang nicht mehr gefressen.

23. *Wie oft sitzt Ihre Katze an der Tür und lauscht Geräuschen von draußen?*

A Meine Katze weiß nicht, dass es ein »Draußen« gibt.

B Häufig, wobei sie oft mit Nase und Pfote die Türritze inspiziert.

C Vielleicht ein-, zweimal am Tag, aber eher lustlos.

D Nie.

24. *Nachts entlädt sich ein heftiges Gewitter. Wie reagiert Ihre Katze?*

A Sie ist nur froh, im Haus zu sein.

B Sie gerät in Panik, als stünde der Weltuntergang bevor.

C Sie tut, als fürchte sie sich, damit ich sie auf mein Bett lasse.

D Sie zeigt keinerlei Reaktion.

25. *Was tut Ihre Katze, wenn Sie telefonieren?*

A Sie glaubt, dass ich mit ihr spreche.

B Sie spielt mit der Schnur oder dem Telefonapparat.

C Sie erkennt, dass ich nicht mit ihr spreche, und mustert mich so, als würde sie sagen: »Mach endlich Schluss!«

D Sie reagiert überhaupt nicht auf meine Telefonate, unabhängig von der Lautstärke und dem Tonfall meiner Stimme.

26. *Der Fernseher ist eingeschaltet. Es sind miauende Kätzchen oder singende Vögel zu hören. Wie reagiert Ihre Katze?*

A Sie miaut und fragt sich, wo das Geräusch herkommt.

B Sie erkennt, dass die Laute aus dem Fernseher kommen, macht aber dennoch ein verwundertes Gesicht.

C Sie beachtet die Laute nicht.

D Sie bringt die Laute mit dem Bild in Verbindung und sucht fieberhaft nach einem Weg, in den Fernseher zu gelangen.

27. *Nehmen Sie Ihren Fön oder ein anderes lautes Elektrogerät und stöpseln Sie es ein. Achten Sie darauf, dass Ihre Katze zusieht, ehe Sie den Apparat einschalten. Wie reagiert sie?*

A Sie verlässt ruhig den Raum, sobald sie das Gerät erblickt.

B Sie macht sich in aller Ruhe davon, sobald ich das Gerät eingeschaltet habe.

C Sie verlässt fluchtartig den Raum, sobald ich das Gerät eingeschaltet habe.

D Sie bleibt, wo sie ist, und lässt sich von dem Lärm nicht stören.

28. *Wie reagiert Ihre Katze, wenn Sie in der Küche sind und etwas zu essen auspacken?*

A Sie zeigt nicht das geringste Interesse.

B Es mag eine Weile dauern, bis sie reagiert, aber ihre Neugier führt sie doch herbei.

C Sie hört das Rascheln sofort und kommt angelaufen, in der Hoffnung, einen Happen zu ergattern.

D Sie wartet geduldig, dass ich ihr etwas abgebe.

29. *Wie reagiert Ihre Katze, wenn sie sich in der Nähe einer Tür oder eines Fensters aufhält und von draußen ein eigenartiges Geräusch hört?*

A Sie versucht, durch die Tür oder das Fenster zu gelangen, um dem Geräusch auf den Grund zu gehen.

B Sie bleibt, wo sie ist, lauscht jedoch aufmerksam.

C Sie nähert sich zaghaft der Tür oder dem Fenster.

D Sie erschrickt und läuft davon, um sich zu verstecken.

30. *Wie reagiert Ihre Katze, wenn Sie sie bei einem anderen Namen, aber im gewohnten Tonfall rufen?*

A Sie kommt, als hätte ich sie beim Namen gerufen.

B Sie reagiert überhaupt nicht.

C Sie erkennt zwar den Tonfall, reagiert jedoch nicht, da ich sie nicht bei ihrem Namen gerufen habe.

D Möglicherweise überrascht sie mich, indem sie kommt, was nie der Fall ist, wenn ich sie bei ihrem Name rufe.

Sozialverhalten

Die Katze ist ein Einzelgänger. Sie braucht keine Gesellschaft. Sie gehorcht nur, wenn ihr danach ist, gibt vor zu schlafen, um besser zu beobachten, und kratzt an allem, woran es sich kratzen lässt.

Vicomte de Chateaubriand (1768–1848)

31. *Wie reagiert Ihre Katze, wenn sie einem Hund begegnet?*

    A Sie begrüßt ihn, ohne zu zögern, so wie jedes andere Tier auch.

    B Sie geht Hunden, die größer sind als Katzen, aus dem Weg.

    C Sie ignoriert ihn, da Katzen Hunden ja bekanntermaßen weit überlegen sind.

    D Sie reizt den Hund zu einer Verfolgungsjagd.

32. *Wie verhält sich Ihre Katze für gewöhnlich, wenn sie auf eine andere Katze trifft?*

    A Sie gibt sich hochnäsig.

    B Sie legt es auf eine Rauferei an.

    C Sie ist wie erstarrt vor Angst.

    D Sie versucht, mit ihr zu spielen.

Ganz gleich, wie gern Katzen auch raufen, es gibt scheinbar immer reichlich Nachwuchs.

Abraham Lincoln (1809–1865)

33. *Das Katzenvokabular ist reichhaltig und umfasst eine breite Palette von Miau-, Fauch-, Schnurr- und Knurrlauten. Wie beredt ist Ihre Katze?*

A Extrem. Ich wünschte, sie wäre ruhiger.

B Sie ist ziemlich »redselig«.

C Sie ist eher still.

D Sie gibt kaum einen Ton von sich. Manchmal miaut sie sogar stumm.

34. *Wie gut vermag Ihre Katze Katzenvokabular zu interpretieren, das Sie selbst benutzen oder eine andere Person im Fernsehen von sich gibt?*
A Sie schenkt Lauten, die andere von sich geben, wenig Beachtung.
B Sie scheint die Laute für gewöhnlich zu verstehen.
C Meisterhaft.
D Sie versteht die Laute nur, wenn sie von mir kommen.

35. *Zu welcher Reaktion neigt Ihre Katze, wenn Sie sie in einem Transportkorb transportieren?*
A Nervös, aber beherrscht.
B Sie genießt den Ausflug.
C Sie gerät in Panik, miaut und gebärdet sich wie wild.
D Sie schläft.

36. *Wenn Ihre Katze eine Dinnerparty geben würde, was würde sie wohl servieren?*
A Räucherlachs.
B Irgendein Katzenfutter.
C Kaviar mit Blinis, frischer Sahne und einem Spritzer Zitrone.
D Thunfisch aus der Dose.

Wie haben Katzen ihre Vorliebe für Fisch entwickelt? Hat jemals jemand eine Wildkatze angeln sehen?
Andrew Lang (1844–1912), Longman's Magazine

37. *Wie verhält sich Ihre Katze, wenn ein Fremder bei Ihnen zu Besuch ist?*

A Defensiv oder feindselig.

B Sie begrüßt den Besucher freudig, in der Hoffnung, gestreichelt zu werden.

C Sie würdigt den Besucher keines Blickes.

D Sie taut erst dann auf, wenn der Besucher etwas isst.

38. *Ihre Katze hat soeben etwas Besonderes geleistet wie zum Beispiel ein Insekt gefangen oder etwas Essbares gefunden, das Sie versteckt hatten. Was tut sie?*

A Sie setzt eine »Ich-bin-die-Größte«-Miene auf.

B Ihr Gesichtsausdruck verändert sich nicht, da sie immer mit einer »Ich-bin-die-Größte«-Miene herumläuft.

C Sie ist bereit, sich der nächsten Herausforderung zuzuwenden.

D Sie wirkt überrascht, aber erfreut von ihrer Leistung.

39. *Wie stark ist der natürliche Kampfinstinkt Ihrer Katze ausgeprägt?*

A Sofern sie überhaupt einen besitzt, ist er tief in ihrem Unterbewusstsein begraben.

B Meine Katze liebt es zu kämpfen und hasst es zu verlieren. Sie verwandelt das harmloseste Spiel in ein Kräftemessen oder einen Wettkampf.

C Meine Katze hat einen stark ausgeprägten Kampfinstinkt, der jedoch nur im Bedarfsfalle zutage tritt.

D Meine Katze kämpft nur spielerisch.

Es gab einst zwei Katzen in Kilkenny,
Von denen jede glaubte, dies wäre eine zu viel.
Und so kämpften sie und stritten,
Kratzten und bissen,
Und schließlich war außer ihren Krallen
Und von ihren Schwänzen die Spitzen
Nichts übrig von den Katzen aus Kilkenny.

Traditioneller Limerick

40. Wie verhält sich Ihre Katze Kindern gegenüber?

A In der gleichen überheblichen Art wie Erwachsenen gegenüber.

B Argwöhnisch, da sie weiß, dass Kinder im Spiel grob werden können.

C Entspannt und entzückt, wenn sie mit ihr spielen wollen.

D Verärgert über ihre Clownereien, vor allem, wenn sie ihr die Schau stehlen.

41. Was würde Ihre Katze denken, wenn Sie sich ein neues Kätzchen anschaffen würden?

A »Ich bin sicher nie so unreif gewesen.«

B »Warum ist sie nur so klein?«

C »Ein neuer Spielgefährte.«

D »Wann bin ich diesen Plagegeist endlich wieder los?«

42. Wie schwierig ist es, Ihre Katze zufriedenzustellen?

A Gar nicht schwierig; sie ist sehr unkompliziert.

B Sie ist schwer zufriedenzustellen, wenn sie sich über etwas geärgert hat.

C Ziemlich schwierig.

D So schwierig, dass ich mich manchmal frage, ob die ständige Unzufriedenheit ihr nicht vielleicht Spaß macht.

43. *Wie verhält sich Ihre Katze, wenn sie Durst hat und ihre Wasserschüssel leer ist?*

A Sie miaut leise und tippt mit der Pfote auf den Napf, um mir zu verstehen zu geben, was sie will.

B Sie miaut lautstark, um meine Aufmerksamkeit zu erregen.

C Sie hofft, dass ich von allein merke, dass die Wasserschüssel leer ist, und wartet geduldig.

D Sie versucht, aus meinem Glas zu trinken.

Der lange Kontakt mit dem Menschen hat die Katze die Kunst der Diplomatie gelehrt, und kein Katholik des Mittelalters hätte sich bei seiner Umgebung erfolgreicher einschmeicheln können, als eine Katze es vermag, die auf eine Schüssel Sahne aus ist.

Saki, The Achievement of the Cat
(etwa: Die Taten der Katze)

44. *Wenn Ihre Katze lesen könnte, welche der folgenden Zeitungen würde sie vermutlich kaufen?*

A Die Wirtschaftswoche.

B Die Westdeutsche Zeitung.

C Die Frankfurter Rundschau.

D Die Bild.

45. *Wie würde sich Ihre Katze verhalten, wenn sie zusammen mit einer zweiten Katze gefüttert würde?*

A Sie würde die zweite Katze ignorieren und sich auf ihr eigenes Futter konzentrieren.

B Sie würde zum Napf der anderen Katze stolzieren und ihr wegfressen, so viel sie kann.

C Sie würde der anderen Katze nicht nur das Futter wegnehmen, sondern ihren eigenen Fressnapf im Auge behalten, damit die andere Katze ja nicht ihr Futter anrührt.

D In Anwesenheit einer anderen Katze würde sie kein Futter anrühren.

... viele Katzen, und insbesondere eine von meinen, lassen stets ihr eigenes Futter (wie verlockend es auch sein mag) für das der Nachbarkatze stehen.

Andrew Lang (1844–1912), Longman's Magazine

46. *Wie reagiert Ihre Katze, wenn Sie die Transportkiste vor sie hinstellen?*

A Sie steigt widerwillig ein, wenn ich sie dazu auffordere.

B Sie läuft sofort weg und versteckt sich.

C Sie zeigt keinerlei Reaktion, weil sie durchschaut, dass es sich nur um einen Test handelt.

D Sie springt sofort hinein, ohne dass ich sie dazu auffordern muss.

47. *Wie verhält sich Ihre Katze im Wartezimmer des Tierarztes?*

A Sehr ängstlich. Allein bei der Erwähnung des Wortes »Tierarzt« sucht sie das Weite.

B Ängstlich und nervös, aber erst wenn sie den Behandlungsraum erkennt.

C Verwirrt und gereizt, aber nicht ängstlich.

D Aggressiv und bereit, den Tierarzt anzugreifen, sobald dieser sich blicken lässt.

48. *Haben Sie den Eindruck, dass Ihre Katze Personen wiedererkennt, die nur selten bei Ihnen zu Besuch sind?*

A Nein, überhaupt nicht.

B Manchmal, vor allem wenn die betreffende Person Katzen mag und ihr bei anderer Gelegenheit Aufmerksamkeit geschenkt hat.

C Ja, wenn die betreffende Person ihr beim letzten Besuch einen Leckerbissen zugesteckt hat.

D Nein, aber sie wird so tun als ob, wenn die betreffende Person ihr bei diesem Besuch einen Leckerbissen zusteckt.

49. *Wenn wir einmal davon ausgehen, dass Ihre Katze nur eine aus einem ganzen Wurf war, was glauben Sie, wie sie sich heute ihren Geschwistern gegenüber verhalten würde?*

A Sie würde sie bemuttern.

B Sie würde ihnen hochnäsig und überheblich begegnen.

C Sie würde ab und an mit ihnen spielen.

D Sie würde ihnen keine große Beachtung schenken.

50. *Wie verhält sich Ihre Katze, wenn Sie den Fotoapparat hervorholen?*

A Sie setzt sich in Pose.

B Völlig desinteressiert, es sei denn, ich benutze den Blitz, dann rennt sie aus dem Zimmer.

C Sie möchte die Kamera inspizieren und will partout nicht stillhalten.

D Sie fährt mit dem fort, womit sie gerade beschäftigt ist, und beachtet die Kamera nicht.

Katzen lassen sich ausgesprochen gut fotografieren. Sie springen einen nicht ständig an, um zu schmusen, wenn man gerade dabei ist, die Schärfe einzustellen.

Gladys Taber, Ladies Home Journal, Oktober 1941

51. *Was glauben Sie, womit Ihre Katze ihre Freizeit verbringen würde, wenn sie ein Mensch wäre?*

A Mit Schlafen.

B Mit Lesen und/oder Computerspielen.

C Mit Fernsehen.

D Mit Kochen und/oder damit, Partys zu schmeißen.

52. *Wie anhänglich ist Ihre Katze normalerweise?*

A So anhänglich, dass sie mir nicht von der Seite weicht.

B Ziemlich anhänglich.

C Ganz und gar nicht anhänglich. Sie ist zu sehr damit beschäftigt, zu schlafen und ansonsten Blasiertheit zu bekunden.

D Was Anhänglichkeit betrifft, ist meine Katze ein

Opportunist – sie spielt ihren Charme nur dann aus, wenn sie etwas will.

53. *Wie verhält sich Ihre Katze, wenn Sie in Ihrer Lieblingszeitschrift lesen?*

A Manchmal sieht sie sich die Zeitschrift mit mir gemeinsam an.

B Sie springt zu mir rauf und schläft an meiner Seite.

C Sie springt hoch und versperrt mir die Sicht, bis ich sie herunterschubse.

D Sie springt immer wieder hoch und versperrt mir die Sicht, ganz gleich, wie oft ich sie herunterschubse.

Häusliches Verhalten

54. *Die Durchschnittskatze schläft 18 Stunden am Tag. Wie viele Stunden täglich schläft Ihre Katze im Durchschnitt?*

A Wenn möglich den ganzen Tag.

B Nicht mehr als achtzehn Stunden.

C Etwa zehn Stunden.

D Fünf Stunden oder weniger.

Katzen sind recht anfällige Wesen, die von zahlreichen Krankheiten heimgesucht werden, aber ich habe nie von einer Katze gehört, die an Schlaflosigkeit gelitten hätte.
                                        Joseph W. Krutch (1893–1970)

55. *Welche der folgenden Speisen würde Ihre Katze am ehesten zu ihrer Lieblingsspeise wählen?*

A Alles, was ich selbst esse.

B Alles, was ungewöhnlich und teuer ist.

C Beinahe alles, auch ungenießbare Gegenstände so wie Socken und Zeitungen.

56. *Wie reagiert Ihre Katze, wenn Sie einen Ball vor ihr auftitschen lassen?*

A Sie spielt mit dem Ball, bis er irgendwo hinrollt, wo sie nur noch schwer an ihn herankommt.

B Sie jagt aggressiv hinter dem Ball her.

C Sie spielt glücklich und zufrieden mit dem Ball, manchmal stundenlang.

D Sie zeigt keinerlei Interesse an dem Ball.

57. *Wie gibt Ihre Katze Ihnen zu verstehen, dass sie nach draußen möchte oder eine Tür für sie geöffnet werden soll?*

A Sie kratzt sachte an der Tür.

B Sie setzt sich vor die Tür und miaut anhaltend.

C Das muss sie nur selten, da sie sich die meisten Türen selbst öffnet.

D Sie sitzt stumm vor der geschlossenen Tür und wartet darauf, dass sie sich wie durch ein Wunder von allein öffnet.

58. *Es ist eine Fliege in der Wohnung. Wie verhält sich Ihre Katze?*

A Sie gibt sich desinteressiert, ist jedoch bereit anzugreifen, sobald die Fliege in Reichweite kommt.

B Sie schenkt der Fliege keinerlei Beachtung.

C Sie jagt endlos hinter der Fliege her.

D Sie würde fragen: »Eine Fliege? Was ist das?«

Welch leidenschaftliche Gier
Blitzt und funkelt in ihren Augen hier
Und schon stürzt sie mit mächtigem Satz
Auf ihren bedauernswerten Beuteschatz.
William Wordsworth, The Kitten and Falling Leaves
(Das Kätzchen und die fallenden Blätter)

59. *Wie würde Ihre Katze sich verhalten, wenn sie sich in einem anderen Teil des Hauses befände als Sie und Sie finden wollte?*

A Sie würde durch das Haus gehen und in Abständen miauen, bis sie mich gefunden hätte.

B Sie würde so lange miauen, bis ich erscheine.

C Sie würde die Ohren spitzen und auf Geräusche achten, die ihr meinen Aufenthaltsort verraten könnten, und dann in dieser Richtung suchen.

D Sie würde sich fragen, wo ich bin, aber einfach darauf warten, dass ich wieder auftauche.

60. *Wie verhält Ihre Katze sich zur Essens- oder Kaffeezeit?*

A Sie sitzt schon fünf Minuten vor mir am Tisch.

B Sie gesellt sich zu mir, wenn sie die Teller klappern hört, und setzt sich unter meinen Stuhl.

C Sie ist immer rein zufällig gerade in der Nähe und beschließt »ganz spontan« dazubleiben.

D Manchmal kommt sie herein, manchmal nicht.

61. *Wie häufig kommt es vor, dass Ihre Katze Ihnen im Haus nachläuft?*

A Ab und an, aber nicht mehr als 30 Prozent der Zeit.

B Beinahe ständig, sie folgt mir sogar nach draußen.

C Etwa die halbe Zeit.

D Nie, es sei denn, sie geht zufällig in dieselbe Richtung.

62. *Wie neugierig ist Ihre Katze?*

A Unglaublich neugierig. Sie verbringt ihre meiste Zeit damit, jeden Gegenstand, jede Aktivität und jedes Geräusch im Haus und außerhalb zu erforschen.

B Ziemlich neugierig, aber Erkunden gehört nicht zu ihren Lieblingsbeschäftigungen.

C Das Einzige, was ihre Neugier weckt, ist die Frage, was es zum Abendessen gibt.

Neugier hat die Katze umgebracht, Zufriedenheit brachte sie zurück.

Alte Weisheit

63. *Was stellt Ihre Katze mit Vorhangkordeln und anderen herabhängenden Gegenständen an?*

A Sie greift sie an.

B Sie lässt sie hin und her schwingen.

C Sie verknotet sie zu einem unentwirrbaren Knäuel.

D Sie ignoriert sie.

64. *Es heißt, Katzen hätten neun Leben. Wenn wir davon ausgehen, dass Ihre Katze gerade ihr erstes Leben lebt, was glauben Sie, womit sie ihre nächsten acht Leben verbringen würde?*

A Mit Schlafen.

B Mit Schlafen und Fressen.

C Sie würde viel schlafen, aber auch täglich ihre Umgebung erkunden und viel spielen.

D Sie würde sich bemühen, einen möglichst zu nerven, ohne dafür gescholten zu werden.

Die Katze hat neun Leben: drei zum Spielen, drei zum Streunen und drei zum Verweilen.

Englisches Sprichwort

65. *Ist Ihre Katze ein Witzbold?*

A Wäre sie vielleicht gerne, aber sie weiß es besser.

B Nur gelegentlich, wenn sie in übermütiger Stimmung ist.

C Nein. Nicht weil sie mir nicht gerne Streiche spielen würde, sondern weil ihr vermutlich nichts einfällt, was sie anstellen könnte.

D Ja. Streiche scheinen ihr Lebensinhalt zu sein.

66. *Wenn Sie Ihre Katze auffordern, Ihnen in einen anderen Raum zu folgen, wie oft kommt sie dem nach?*

A Ich bin mir nicht sicher. Ich vermute, dass sie es eher zufällig tut.

B So gut wie nie.

C Fast immer.

D Nie. Auch wenn sie gerade hinausgehen wollte,

ändert sie die Richtung, damit es ja nicht so aussieht, als wäre sie in irgendeiner Weise unterwürfig.

Eine Katze unternimmt keinen Ausflug, nur weil ein Mensch sich beim Spaziergang einen Gefährten wünscht. Spazierengehen ist eine menschliche Angewohnheit, der Hunde sich gerne anschließen, aber für eine Katze ist das eine völlig überflüssige Art der Körperertüchtigung, es sei denn, sie verfolgt einen bestimmten Zweck.

Carl Van Vechten (1880–1964)

67. *In welcher Haltung schläft Ihre Katze am liebsten?*
A Zusammengerollt.
B In die engste Lücke gezwängt, die sie finden kann.
C Auf dem Rücken ausgestreckt.
D Egal in welcher Richtung, Hauptsache, sie liegt irgendwo auf mir drauf.

68. *Wenn Ihre Katze einen sehr hohen Baum hinaufklettern würde, wie geschickt würde sie sich dabei anstellen, wieder herunterzuklettern?*
A Recht geschickt, allerdings würde sie einige Zeit brauchen und bei jedem Schritt zögern.
B Sehr geschickt. Sie würde beinahe ebenso schnell herunterklettern wie zuvor hinauf.
C Ziemlich geschickt. Sie würde vorsichtig herunterklettern.
D Sie wäre völlig hilflos und müsste gerettet werden.

Eine Katze kommt ohne Hilfe der Feuerwehr oder von jemand anderem von jedem Baum herunter. Der Beweis ist, dass noch nie jemand ein Katzenskelett auf einem Baum gesehen hat.

Anonym

69. *Wenn Sie mit Ihrer Katze spielen, wie lange hält dann ihre Aufmerksamkeit an?*

A Weniger als fünf Sekunden.

B Bis zu zehn Sekunden.

C Etwa dreißig Sekunden.

D Bis sie glaubt, gewonnen zu haben, oder ich aufgebe.

70. *Wie verhält Ihre Katze sich nachts?*

A Sie steht einige Male auf, um zu trinken oder zu fressen.

B Sie sucht sich immer wieder einen anderen Platz auf meinem Bett und wählt jeweils die wärmste Stelle.

C Sie schläft durch, erschöpft von einem verschlafenen Tag.

D Sie bleibt fast die ganze Nacht auf, als hätte sie die Nachtwache.

71. *Wie stark ist das Bedürfnis Ihrer Katze ausgeprägt, an Gegenständen zu kratzen, um sich die Krallen zu wetzen?*

A Sie wetzt sich nur gelegentlich die Krallen.

B Sie wetzt sich aus Zerstörungswut die Krallen.

C Ihr Bedürfnis, sich die Krallen zu wetzen, würde ich als normal bezeichnen. Sie benutzt hierfür ihren Kratzbaum oder einen anderen geeigneten Gegenstand.

D Überhaupt nicht. Meine Katze zeigt keinerlei Interesse daran, sich die Krallen zu wetzen.

72. *Lässt Ihre Katze es Sie wissen, wenn es Zeit für die nächste Mahlzeit ist, und wenn ja, wie macht sie sich verständlich?*

A Indem sie zu ihrem Fressnapf geht und miaut.

B Indem sie sich an meinen Beinen reibt und sanft miaut.

C Meine Katze sucht ihren Futternapf beim ersten Hungergefühl auf, in der Hoffnung, dass er gefüllt ist.

D Ja. Indem sie fordernd miaut und mir anklagende Blicke zuwirft.

Katzen scheinen nach dem Prinzip zu leben, dass es nicht schaden kann, um das zu bitten, was man will.

Joseph W. Krutch (1893–1970)

73. *Wie oft putzt Ihre Katze sich?*

A Ein- oder zweimal am Tag.

B Drei- bis fünfmal am Tag.

C Bis zu zehnmal am Tag.

D Immer wieder, den ganzen Tag lang. Nach Schlafen und Fressen ist Putzen ihre Lieblingsbeschäftigung.

74. *Ist Ihnen, seit Sie Ihre Katze haben, aufgefallen, dass hin und wieder Gegenstände verschwinden?*

A Ja, von Essen und Schmuck bis hin zu Socken und Kugelschreibern.

B Nein, sie rührt meine Sachen nie an.

C Ein paarmal vielleicht.

D Ja, es sind einige Gegenstände verschwunden, aber sie sind nach einer Weile immer wieder aufgetaucht.

Ein Hund stiehlt häufig einen Knochen,
Doch sein Gewissen lässt ihm keine Ruh,
Und sein Schwanz verrät ihn als Missetäter.

Die Katze hingegen betrachtet Stehlen als Spiel,
Und auch wenn man sie direkt beschuldigt,
Merkt man bei ihr von Gewissen nicht viel.

Wenn Essbares auf geheimnisvolle Weise verschwindet,
Ist gewiss, dass die Mieze mehr weiß,
Als ihre Unschuldsmiene verrät.
Drum braucht man denn auch,
Wenn Mieze auf die eine oder
andere Mahlzeit verzichtet,
Nicht gleich ihren Puls zu fühlen und großes
Aufhebens zu machen.

Anonym

75. *Wie würde Ihre Katze reagieren, wenn Sie sie baden wollten?*

A Sie wäre zu Tode beleidigt, dass ich ihre Erscheinung offenbar nicht als tadellos betrachte.

B Nervös und ärgerlich, weil sie es nicht hat kommen sehen.

C Sie würde sich urplötzlich in Luft auflösen, wenn ich auch nur daran dächte, sie zu baden.

D Das Bad würde ihr Spaß machen, und sie würde dafür sorgen, dass ich ebenso nass werde wie sie.

Testergebnisse

Punktetabelle

Frage	Antworten				Punkte
	A	B	C	D	
1	1	2	3		
2	4	3	1	2	
3	2	4	3	1	
4	4	3	1	2	
5	2	4	3	1	
				Übertrag	

Frage	Antworten				Punkte
	A	B	C	D	
6	3	1	2	4	
7	1	2	3		
8	3	2	4	1	
9	3	1	4	2	
10	4	1	2	3	
11	2	1	4	3	
12	3	2	1		
13	2	4	1	3	
14	2	1	4	3	
15	4	3	2	1	
16	3	2	1		
17	4	1	2	3	
18	1	3	2		
19	3	2	1		
20	2	3	1		
21	3	1	2	4	
22	2	1	3		
23	1	4	3	2	
24	2	1	4	3	
25	3	2	4	1	
26	2	3	1	4	
27	4	3	2	1	
28	1	2	3	4	
29	4	3	2	1	
30	2	3	4	1	
31	3	2	4	1	
32	4	3	1	2	
33	3	4	2	1	
34	1	2	4	3	
35	2	4	1	3	
36	3	1	4	2	
37	3	2	1	4	
38	2	4	3	1	
39	1	4	3	2	
40	4	1	2	3	
41	3	1	2	4	
42	1	2	3	4	
43	2	4	1	3	
44	4	2	3	1	
				Übertrag	

Frage	Antworten				Punkte
	A	B	C	D	
45	2	3	4	1	
46	2	3	4	1	
47	4	2	1	3	
48	1	2	3	4	
49	2	4	3	1	
50	4	1	3	2	
51	1	4	2	3	
52	1	2	3	4	
53	4	3	2	1	
54	1	2	3	4	
55	2	3	1		
56	1	4	2	3	
57	2	3	4	1	
58	4	2	3	1	
59	3	2	4	1	
60	4	2	3	1	
61	3	1	2	4	
62	3	2	1		
63	3	2	4	1	
64	1	2	3	4	
65	2	3	1	4	
66	1	3	2	4	
67	2	1	3	4	
68	2	4	3	1	
69	1	2	3	4	
70	2	3	1	4	
71	2	4	3	1	
72	3	2	1	4	
73	1	2	3	4	
74	4	1	2	3	
75	2	3	4	1	
			Gesamtpunktzahl		

Einstufungstabelle der Katzenintelligenz

Punkte	Katzen-IQ-Kategorie	Prozentsatz der Katzen, die intelligenter sind als Ihre
79 und weniger	Ignorant	97 %
80–94	Zuweilen recht clever	73 %
95–105	Durchschnittlich	50 %
106–120	Überdurchschnittlich	35 %
121–135	Sehr intelligent	22 %
136–155	Außergewöhnlich intelligent	8 %
156 und darüber	Möglicherweise intelligenter als Sie selbst	3 % oder weniger

Grafische Darstellung der Katzenintelligenz

Katzen-IQ

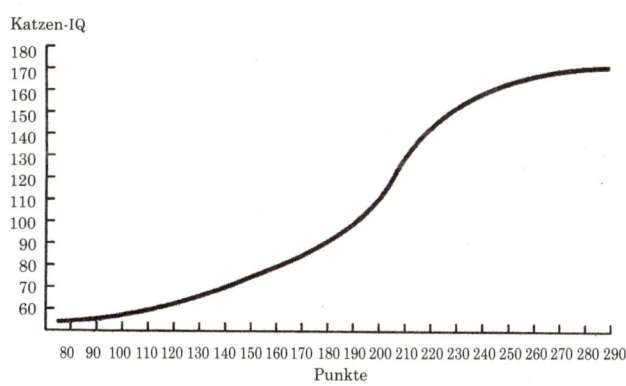

Punkte

Wichtiger Hinweis

Dieser Test legt größeren Wert auf Unterhaltung als auf wissenschaftliche Genauigkeit. Die Ergebnisse unterliegen großen Schwankungen und sollten somit nicht als Grundlage irgendwelcher persönlicher Entscheidungen, Ihre Katze betreffend, dienen!

IV.

Mensch und Katze: Ihre Beziehung über die Jahrhunderte

Die Katze sagte: »Ich bin kein Freund und auch kein Diener, ich bin die Katze, die allein ihrer Wege geht, und ich möchte in deine Höhle kommen.«
Rudyard Kipling, Just So Stories
(Ein paar solcher Geschichten)

Die Beziehung zwischen Mensch und Hauskatze hat in der Geschichte verschiedene Phasen durchlaufen, und nun hat sich der Kreis beinahe geschlossen. Die heutigen Katzen sind in Millionen von Haushalten viel geliebte und respektierte Familienmitglieder. Sie genießen die Bequemlichkeiten des modernen Haustieres und haben größtenteils gut erzogene Besitzer, die ihren Bedürfnissen und Wünschen nachkommen.

Aber das Leben mit dem Menschen war für die Katze nicht immer angenehm. Von den alten Griechen und Römern, die sie vor allem für ihre Geschicklichkeit beim Nagerfang schätzten, wurden sie als Ware gehandelt. Im Mittelalter wurden sie verfolgt, da man glaubte, sie seien Werkzeuge des Teufels. Und doch genoss die Katze bereits zu Beginn ihrer Beziehung zum Menschen – so wie heute – einen gehobenen Status innerhalb der menschlichen Gesellschaft.

Was sind wir für Philosophen, die wir nicht das Geringste über den Ursprung und das Schicksal der Katze wissen?
Henry David Thoreau (1817–1862)

Vor mehr als 10 000 Jahren domestizierte der Mensch Tiere wie den Hund, das Pferd und die Kuh, die ihre Freiheit für Nahrung und Schutz opferten, die der Mensch ihnen geben konnte. Es gibt jedoch keine Überlieferungen der Domestizierung der Katze in dieser Zeit, und offenbar war es die Katze, die sich etwa 5 000 Jahre später, im alten Ägypten, dazu entschloss, fortan bei den Menschen zu leben.

Diese populäre Theorie wird jedoch von einer Entdeckung auf Zypern aus dem Jahre 1983 infrage gestellt. Bei Ausgrabungen einer neolithischen Siedlung entdeckte Alain le Brun den etwa 8 000 Jahre alten Kiefer einer Katze. Die Tatsache, dass er auf Zypern gefunden wurde, ist insofern interessant, als es ursprünglich keine Katzen auf der Insel gab, sodass sie irgendwann von Zuwanderern mitgebracht worden sein müssen.

Es gibt Beweise dafür, dass diese Zuwanderer auch andere Arten domestizierter Tiere eingeführt haben, und es ist schwer vorstellbar, dass sie Katzen mitgebracht haben sollen, die nicht völlig domestiziert waren. »Eine fauchende, kratzende, von Panik erfasste Wildkatze«, argumentiert Desmond Morris in seinem Buch »Catlore«, »wäre der letzte Gefährte, den sie an Bord ihrer Schiffe hätten haben wollen. Nur zahme, domestizierte Tiere können zu den Gütern und Haustieren gehört haben, die diese frühen Pioniere auf der Suche nach einem neuen Zuhause mitführten.«

Diese Annahme steht jedoch für sich allein. Die nächsten Überlieferungen für die Domestizierung der Katze stammen etwa aus dem Jahr 2600 v.Chr. und wurden in Malereien und Inschriften in Gräbern und Ruinen der altägyptischen Zivilisation gefunden. Es wird angenommen, dass die Katzen sich zu menschlichen Ansiedlungen hingezogen fühlten, weil Unmengen von Nagern sich von den Lebensmittellagern und Kornspeichern ernährten, die die Ägypter damals errichtet hatten. Die ersten Katzen gehörten vermutlich der Gattung *Felis lybica* an, die es auch heute noch gibt. Diese kurzhaarige, schlanke Katzengattung aus Libyen und Ägypten ist aller Wahrscheinlichkeit nach die Ahnin der heutigen Hauskatze. Sie hat einen langen, eleganten Körperbau und getigertes oder gescheckt Fell von gewöhnlich roter oder brauner Färbung.

Wenn sie auch anfänglich als Eindringling in der Gemeinschaft angesehen wurde, haben die Ägypter die Katze schließlich akzeptiert. Später wurde sie sogar geschätzt, einmal weil sie das Krankheiten übertragende Ungetier vertilgten und zweitens aufgrund ihrer liebenswerten und häufig rätselhaften Persönlichkeit. Die Katze fand schnell Zugang zu den Haushalten des alten Ägyptens, und ihr Ansehen innerhalb der Gesellschaft wuchs über mehrere Tausend Jahre stetig.

Katzen wurden zu geliebten Familienmitgliedern und erscheinen mit großer Regelmäßigkeit in Wandmalereien und Fresken nach 1600 v.Chr. Sie wurden spielend und fressend im Haus dargestellt, unter den Stühlen ihrer Besitzer sitzend sowie bei anderen häuslichen Aktivitäten.

Bald wurde die Katze sogar in einen weit höheren gesellschaftlichen Stand erhoben, als man begann, in ihr das Symbol Bastets zu sehen, der Göttin der Fruchtbarkeit. Bastet war auch unter den Namen Bast und Pasht bekannt, wovon vermutlich auch unsere heutige Bezeichnung »Pussy« abgeleitet ist. Es war nur logisch, dass Bastet und ihre Schwester Sekhmet zu einem Teil als Katze dargestellt wurden, da schon ihr Vater, Re, gewöhnlich in teils menschlicher, teils katzenhafter Gestalt erschien. Tatsächlich glaubten die Menschen, dass Re, der Sonnengott, sich jeden Tag bei Sonnenuntergang in eine Katze verwandelte, um Apep, die Schlange der Finsternis, zu töten.

Auch war die Katze als Symbol der Fruchtbarkeit durchaus passend gewählt, da sie regelmäßig zahlreiche Junge warf. Plutarch schrieb: Die Katze »bringt erst ein Junges zur Welt, dann zwei, dann drei; diese Zahl steigt in dieser Art bis zum siebten und letzten Wurf an, sodass sie insgesamt 28 Junge zur Welt bringt, was der Zahl der Mondumdrehungen entspricht«. Tatsächlich sind Katzen sogar noch fruchtbarer, als Plutarch es glaubte, und können in ihrem Leben mehr als 100 Junge gebären, wenn man dem keinen Einhalt gebietet.

Man zog wahrscheinlich die Katze dem Löwen als Symbol für Bastet vor, weil sie leichter zu handhaben sowie weniger gefährlich zu verehren und in einem Haus zu halten war. In Tempeln in ganz Ägypten behielten die Priester die Katzen rund um die Uhr im Auge; jede Bewegung, jedes Miauen und jedes Schnurren wurde als Botschaft der Göttin interpretiert.

Bastets hohes Ansehen wurde im Jahre 1000 v.Chr. noch gefestigt, als eine neue Pharaodynastie den ägyptischen Thron bestieg. Libyschen Ursprungs, waren diese Pharaonen eifrige Anhänger Bastets. Als sie ihre Hauptstadt in Bubastis, das heute den Namen Tell Basta trägt, errichteten, wurde diese zum religiösen Mittelpunkt des Anbetungskultes der Göttin. Jedes Jahr wurde zu Ehren Bastets ein großes Fest in der

Stadt abgehalten, zu dem auch ein großer Jahrmarkt, eine spektakuläre Prozession und ein Rekordverbrauch an Wein gehörten. Der griechische Historiker Herodot beschrieb das Fest im Jahre 450 v.Chr. als das ausschweifendste in ganz Ägypten.

Auch der Tempel von Bubastis wird bei Herodot erwähnt: »Hier befindet sich der erwähnenswerte Tempel von Bubastis; andere sind größer und prächtiger, aber keiner ist schöner als dieser ...« Er wurde aus roten Granitquadern auf einem großen Platz errichtet und war zu beiden Seiten von 30 Meter breiten, vom Nil gespeisten Kanälen eingefasst. In der Mitte des Tempels stand ein Schrein zu Ehren Bastets, von hohen Bäumen und einer Steinmauer geschützt.

Eine Inschrift und eine Zeichnung auf einer der inneren Mauern des Tempels zeugt von Bastets Bedeutung. Sie ist abgebildet, wie sie Geschenke von König Osorkon dem Zweiten entgegennimmt, der sie mit folgenden Worten preist: »Dir lege ich in Ehrfurcht alle Länder zu Füßen. Ich gebe alle Macht in deine Hände wie in die deines Gottvaters Re.«

Hauskatzen wurden in zahllosen Malereien, Skulpturen und Gravuren in ganz Ägypten verewigt. Junge Ehefrauen hängten zu Hause Katzenamulette an die Wände und beteten zu Bastet, der Göttin der Fruchtbarkeit, sie mit Kindern zu segnen. Goldschmiede verwendeten das Bild der Katze als dekoratives Motiv, während Katzen Schmuck tragend – für gewöhnlich Halsketten und Ohrringe aus Edelmetallen und -steinen – porträtiert wurden.

Ihre Verehrung war so groß, dass man mit dem Tode bestraft werden konnte, wenn man, sei es auch unbeabsichtigt, eine tötete. Im Falle eines Brandes musste die Katze vor jedem anderen Familienmitglied oder Besitz gerettet werden.

Im Jahre 500 v.Chr. wurde die Katzenverehrung den Ägyptern zum Verhängnis, als die Perser die ägyptische Stadt Pelusium angriffen. Als sich abzeichnete, dass eine Niederlage der Perser drohte, befahl ihr Befehlshaber Cambyses seinen Männern, sich zurückzuziehen und so viele Katzen einzufangen, wie sie finden konnten. Bei ihrem nächsten Sturm auf die Stadt trug jeder persische Soldat eine Katze auf dem Arm, und zahlreiche weitere Katzen liefen dem Heer voraus und zwischen den Soldaten umher. Die Ägypter, die es nicht riskieren wollten, auch nur eine Katze zu töten, waren hilflos, und die Stadt ergab sich ohne weitere Gegenwehr.

Einige Hundert Jahre später, im Jahre 50 v.Chr., war der sizilianische Historiker Diodorus sehr verblüfft darüber, dass die Ägypter die Katze immer noch höher schätzten als den Menschen oder die Politik. Er verfasste folgenden Bericht, der von einer Katze in Ägypten und dem hiermit verbundenen Tod eines römischen Reisenden handelt:

Und aufgrund ihrer Angst vor einer solchen Strafe wich jeder, der eines dieser Tiere tot darniederliegen sah, lamentierend zurück und schwor, das Tier bereits leblos aufgefunden zu haben. Auch ist die abergläubische Ehrfurcht derart in den Herzen der einfachen Menschen verwurzelt, dass einmal, als einer der Römer eine Katze tötete und der Mob zu seinem Haus zog, weder die königlichen Beamten, die für ihn Fürsprache hielten, noch die Furcht vor Rom, die all diese Menschen empfanden, aus-

reichten, den Mann vor seiner Strafe zu bewahren – obwohl seine Tat unbeabsichtigt gewesen war.

Starb eine Katze, trauerten jene, zu deren Haushalt sie gehört hatte, lange Zeit, rasierten sich traditionell die Augenbrauen und schlugen Todesgongs als Ausdruck ihrer Trauer. Auch bei der Katze glaubte man an ein Leben nach dem Tod, sodass diese gewöhnlich mumifiziert und feierlich bestattet wurden.

Der Kadaver einer Katze wurde präpariert und in Leinen gewickelt – einfaches Leinen, wenn der Besitzer der Katze arm, und bunt gefärbtes, wenn er wohlhabend war. Auf den Kopf der Katze wurde eine Maske aus Pappmaché gelegt, bei der die Augen durch Leinenkugeln und die Ohren durch ausgefranste Palmenblätter dargestellt wurden. Anschließend wurde der Kadaver in einen Sarg gelegt, auf dessen Deckel manchmal das Gesicht einer Katze gemalt war, mit Augen aus Edel- oder Halbedelsteinen.

Als Nahrung für das Reich der Toten wurden der Katze häufig mumifizierte Mäuse oder andere Kleintiere in den Sarg oder das Grab gelegt. In einem Grab aus dem Jahre 1700 v.Chr. wurden siebzehn Katzenskelette gefunden, und jeder Katze war ein Schälchen Milch mit ins Grab gestellt worden.

Im ganzen Land gab es zahlreiche Katzenfriedhöfe, und eine große und wohlbekannte Begräbnisstätte wurde in Bubastis entdeckt. Bei Ausgrabungen der alten Stadt Beni-Hassan in Mittelägypten im späten 19. Jahrhundert wurden auf einem einzigen Friedhof über 300 000 mumifizierte Katzen gefunden.

Der Einfluss des Tieres erstreckte sich bis auf die Rituale der Begräbniszeremonien für Menschen. Ein Verstorbener wurde häufig mit einem kleinen Elfenbeinstab bestattet, der mit einem Katzenkopf verziert war. Dieser Stab sollte die Katze darstellen, die einem damals weitverbreiteten Glauben zufolge die Seele des Verstorbenen auf ihrer Reise in die Unterwelt geleiten und beschützen würde.

Die Ausfuhr von Katzen war in Ägypten über tausend Jahre lang streng verboten. Tatsächlich gibt es kaum Hinweise dafür, dass es in dieser Zeit irgendwo anders auf der Welt domestizierte Katzen gegeben hat. Zwar werden in einigen indischen Sanskrit-Schriften aus der Zeit um 1000 v.Chr. domestizierte Katzen erwähnt, aber die Inder hatten höchstwahrscheinlich ihre eigene Gattung Wüstenkatzen gezähmt, und jene domestizierten Katzen werden in den indischen Schriften aus jener Zeit nicht annähernd so häufig erwähnt wie in Ägypten.

Als die Griechen begannen, nach Ägypten zu reisen, um dort Handel zu treiben, erkannten sie sehr bald die Überlegenheit der Katze gegenüber den Frettchen und Wieseln, die sie in ihrer Heimat einsetzten, um Mäuse und andere Nager zu bekämpfen. Katzen vergriffen sich nicht an Hühnern und anderen wertvollen Vögeln – so wie Wiesel es häufig taten –, und sie mussten auch nicht in Käfige gesperrt werden, wenn sie nicht zur Jagd gebraucht wurden.

Um das ägyptische Exportverbot zu umgehen, beschlossen die Griechen, einige Katzenpärchen zu stehlen, um sich ihre künftigen Jäger selbst zu züchten. Der erste Hinweis auf eine Katze in Griechenland stammt aus der Zeit um 500 v.Chr. Ein Marmor-Flachrelief zeigt eine angeleinte Katze bei der Begegnung mit ei-

nem ebenfalls angeleinten Hund. Die Besitzer scheinen die Tiere zum Kampf zu animieren. Aus diesem Relief geht jedoch nicht hervor, ob es sich um eine wilde oder eine in Gefangenschaft gezüchtete Katze handelt.

Nachdem es den Griechen gelungen war, genügend Katzen für den Eigenbedarf zu züchten, begannen sie, ihren Handelspartnern in ganz Europa Katzen anzubieten. Und so nahm die Verbreitung der Hauskatze, über 1 200 Jahre nachdem die Ägypter sie in die Gemeinschaft der Menschen aufgenommen hatten, ihren Anfang. Dies geschah jedoch nur sehr schleppend, und es dauerte mehrere Hundert Jahre, ehe Katzen ernsthaft gezüchtet wurden.

Eigenartigerweise scheinen die Römer, die zahlreiche Praktiken und Bräuche von den Griechen übernommen haben, bis ins 4. Jahrhundert n.Chr. Katzen nicht in ihr Alltagsleben integriert zu haben, da es keinen einzigen schriftlichen Hinweis und auch keine Abbildungen domestizierter Katzen gibt, die aus einer weiter zurückreichenden Zeit stammen. In einem Mosaik aus dem 1. Jahrhundert n.Chr., das in Neapel entdeckt wurde, ist zwar eine Katze abgebildet, die einen Vogel angreift, doch nichts deutet darauf hin, dass es sich um eine zahme Katze handelt.

In Herculaneum und Pompeji, Städten in der Nähe von Neapel, die im Jahre 79 n.Chr. unter der Lava begraben wurden, wurde kein einziges Katzenskelett gefunden, und auch auf den zahlreichen Wandgemälden und Fresken waren keine Katzen abgebildet. Ein erster Hinweis auf domestizierte Katzen bei den Römern stammt von dem Schriftsteller Palladius, der im 4. Jahrhundert n.Chr. gelebt hat. Er empfiehlt Katzen als neue »Geheimwaffe« gegen Maulwürfe und als Alternative zu den Iltissen, Verwandten des Frettchens. Nachdem sie erst die Vorzüge der Katze bei der Schädlingsbekämpfung sowie in ihrer Eigenschaft als Haustier erkannt hatten, nahmen die Römer diese Tiere bei ihren Feldzügen häufig mit. Möglicherweise waren sie die Ersten, die Katzen beispielsweise in Großbritannien einführten. Der älteste Hinweis auf eine domestizierte Katze in England wurde in den Ruinen einer römischen Villa in Lullingstone in der Grafschaft Kent gefunden und stammt aus dem 5. Jahrhundert n.Chr.

Zu diesem Zeitpunkt hatte sich die Einstellung des Menschen gegenüber der Katze – seit der altägyptischen Verehrung als Halbgöttin – entscheidend gewandelt.

In diesen frühen Jahren war das Christentum Katzen gegenüber noch recht tolerant und beschrieb sie positiv als von Gott erschaffene Tiere, die vom Teufel gesandte Maus zu bekämpfen. Einer populären Legende zufolge nieste ein Löwe, als Noah um Schutz für seine Arche betete, und aus seinen Nüstern entsprang das erste Katzenpärchen. Sofort verkrochen sich sämtliche Mäuse in die nächsten Löcher, wo sie sich seither am liebsten aufhalten. In einer weiteren Legende, die in Italien ihren Ursprung hat, heißt es, dass eine Katze im Stall in Bethlehem anwesend war. Sie soll zur gleichen Zeit, da Maria Christus gebar, Junge zur Welt gebracht haben. In einigen frühen Gemälden von der Heiligen Familie und von Mariä Verkündigung wurden ebenfalls Katzen abgebildet.

Im 5. Jahrhundert wurde in Irland eine Liste der beliebtesten und »nützlichsten« Gebrauchsgegenstände für die Hausfrau erstellt. Katzen waren ebenfalls aufgeführt – aufgrund ihrer Geschicklichkeit als Mäuse-fänger und ihrer »freundlichen« Gesinnung, die sie weit angenehmer machte als Frettchen.

Im 10. Jahrhundert wurde in West-Wales die Bedeutung der Katze als Mitglied der Gesellschaft durch die offizielle Definition eines Weilers bestätigt – dieser wurde wie folgt definiert: »Ein Ort, der neun Gebäude umfasst, einen Hirten, einen Pflug, eine Darre, ein Butterfass, einen Bullen, einen Hahn und eine Katze.« Der Nutzen der Katze als Hüter der Ernte wurde außerdem dadurch bestätigt, dass Hywel der Gute Katzen im Jahre 936 einen Geldwert zuordnete. Ein Katzenjunges war, bevor es die Augen öffnete, einen Penny wert, was dem Preis für ein Lamm, ein Huhn oder eine Gans entsprach. Nachdem es die Augen geöffnet hatte, war das Junge zwei Pennys wert, und sobald es in der Lage war, Mäuse zu fangen, vier Pennys.

Zum Schutz von Katzenbesitzern wurden strenge Gesetze erlassen, die das Töten von Katzen untersagten. Wer gegen dieses Gesetz verstieß, musste dem Besitzer der Katze ihren Gegenwert in Weizen entrichten. Der Preis wurde ermittelt, indem die tote Katze am Schwanz aufgehängt wurde, sodass ihre Nase knapp den Boden berührte. Dann wurde Weizen über den Katzenkadaver geschüttet, bis dieser vollständig bedeckt war. Im 12. Jahrhundert war die Strafe für das Töten einer ausgewachsenen Katze in Sachsen auf 60 Scheffel erhöht worden, da die Katze als verlässlicher Hüter dieses Getreides galt.

Im Fernen Osten wurden die Katzen damals ebenfalls von den Menschen geschätzt, wenn auch aus einem ganz anderen Grund. Als der Kaiser von Japan im

Jahre 999 beschloss, im kaiserlichen Palast von Kyoto Katzen zu züchten, begründete er einen Modetrend unter den Japanern. Die Tiere wurden zu wertvollen Kuriositäten und von ihren stolzen Besitzern an der Leine ausgeführt. Viele Katzen, die als Haustiere gehalten wurden, hörten auf den Namen »Tama«, was auf Japanisch so viel bedeutet wie »Juwel«.

Nachdem der Kaiser sie in seinem Palast willkommen geheißen hatte, wurden Katzen in Japan über Jahrhunderte vor allem von Vertretern der Oberschicht gehalten, die sie ernsthaft züchteten und liebevoll umhegten. Gleichzeitig markiert diese Art der Tierhaltung einen Wendepunkt, da Katzen erstmals im Haus gehalten wurden, und nur wenige dienten in den Seidenfabriken und Kornspeichern als Mäusejäger. Einige Zeit glaubte man, dass allein das Bild einer Katze genüge, Mäuse fernzuhalten, jedoch sollte sich diese Theorie schon bald als falsch erweisen. Im Jahre 1602 war die Regierung gezwungen, den Bürgern zu befehlen, ihre Katzen freizulassen, damit Geschäfte, Fabriken und andere Produktionseinrichtungen vor Mäusen geschützt werden konnten. Jeder, der dabei erwischt wurde, dass er eine Katze kaufte oder verkaufte, musste mit einer empfindlichen Geldstrafe rechnen.

In Siam hatten Soldaten eine andere, aber ebenso wichtige Verwendung für Katzen gefunden. Wenngleich es schwerfällt zu glauben, dass diese Tiere sich je dazu herabgelassen haben sollen, heißt es, es sei siamesischen Soldaten gelungen, ihre Katzen dahin gehend abzurichten, dass sie auf ihrer Schulter sitzen blieben und sie vor Feinden warnten, die sich von hinten an sie heranschlichen. Eine Katze soll »ihren« Soldaten durch eine Reihe bestimmter Warnschreie auf den bevorstehenden Angriff aufmerksam gemacht haben.

Derweil mühten sich die Katzen in Europa mit wenig Erfolg ab, eine wachsende Anzahl von Attacken abzuwehren: Sie waren einem dunklen Aberglauben zum Opfer gefallen, der im Mittelalter aufblühte. Das Unheimliche und Mysteriöse, das die Katze stets umgeben hatte, hatte einige Zeit geruht, war aber dennoch stets Teil der populären Folklore sowie der christlichen Legenden gewesen und wurde von der Kirche eifrig hervorgehoben.

Im 13. Jahrhundert regte sich bei den Europäern Unzufriedenheit über ihre mittelalterliche Gesellschaft und die Kirche, die ihr vorstand. Um die Fundamente ihrer schwindenden Macht zu festigen, machte die Kirche Hexen zu Sündenböcken für alles Übel der Welt. Die Kirche startete eine bösartige und schnell um sich greifende Kampagne, indem sie behauptete, dass Hexerei die größte Bedrohung für die zivilisierte Gesellschaft sei. Von diesem Zeitpunkt an sollte die Kirche die nächsten 300 Jahre in ganz Europa und den Kolonien Nordamerikas Hexen verfolgen, foltern und liquidieren.

In dem Bestreben, die Verschwörung zu festigen, gelang es der Kirche, sich der althergebrachten und traditionellen Assoziierung von Hexe und Katze zu bedienen. In der römischen Mythologie wurden Katzen mit der Göttin Diana, auch Artemis genannt, in Verbindung gebracht. Von ihr hieß es, sie habe die Katze erschaffen, um den Löwen zu verhöhnen, den ihr Bruder, Apollo, erschaffen hatte. Der römische Dichter Ovid schrieb in seinem Werk Metamorphosen, dass die Götter in der Lage seien, sich in Tiere zu verwandeln. Die Göttin Diana nahm die Gestalt einer Katze an – ein passendes Symbol für sie, da diese auch als Göttin der Jagd verehrt wurde.

Diana – und somit auch die Katze – wurde traditionell mit Mond und Mondlicht identifiziert. In diesem Sinne mag Dianas Ansehen dem der altägyptischen Göttin Bastet nicht unähnlich gewesen sein, nur dass Dianas Assoziierung mit Katze und Mond unheilvolle Züge annehmen sollte.

Die griechische Göttin stand in enger Beziehung zur römischen Göttin Hekate, da auch diese ursprünglich eine Mondgöttin war. Hekate fungierte später als Göttin der Unterwelt, aber trotz dieses Wandels wurde sie in der populären Mythologie auch weiterhin mit Diana in Verbindung gebracht. Und so wurden Diana und der Katze viele von Hekates weniger vorteilhaften Eigenschaften und übersinnlichen Kräften angedichtet, wie zum Beispiel die Fähigkeit, Menschen zu verhexen und von ihnen Besitz zu ergreifen.

Die Assoziierung Dianas und ihrer Katze mit dem
Mond führte dazu, dass sie nicht nur mit Hekate und
der Unterwelt, sondern außerdem mit der dunklen
Mondphase und dem Bösen identifiziert wurden.

Die Katze streunte umher,
Und der Mond drehte sich wie ein Kreisel,
Und die nächste Verwandte des Mondes,
Die schleichende Katze, blickte auf.

Der schwarze Minnaloushe starrte auf den Mond,
Denn, auch wenn er streunte und klagte,
Das reine, kalte Licht hoch am Himmel
Erhitzte sein tierisch Blut ...

Weiß Minnaloushe, dass seine Pupillen
Sich weiten und sich verengen,
Vom Rund bis zur Sichel,
Von der Sichel zum Rund?

Minnaloushe schleicht durch das Gras,
Allein, überlegen und weise,
Und hebt zum sich verändernden Mond
Seine sich verändernden Augen.

W. B. Yeats (1865–1939)

Anhänger Dianas hielt man für fähig, ihre Gestalt zu
verändern wie der Mond. Hieraus entstanden Legenden über Frauen, die sich nachts verwandelten, gewöhnlich in eine Katze, und solche Geschichten bildeten die Grundlage für spätere Hexenmärchen.

Märchen aus der ganzen Welt erzählten von Frauen,

die sich nachts in Katzen verwandeln konnten, aus ihren Betten stiegen, herumstreunten und Böses verbreiteten, um sich dann beim ersten Tageslicht wieder in Frauen zurückzuverwandeln. Einige dieser Geschichten hielten sich in Teilen Europas bis weit über das Mittelalter hinaus.

Ein weitverbreitetes spanisches Märchen aus diesem Jahrhundert erzählt beispielsweise von einem Mann, der jede Nacht Milch vor sein Fenster stellte, um sie frisch zu halten; wenn er morgens aufwachte, stellte er häufig fest, dass die Flüssigkeit verschwunden war. Eines Nachts wartete er geduldig am Fenster, um zu sehen, wer seine Milch stahl. Als schließlich eine große schwarze Katze erschien und begann, die Milch zu trinken, wurde er zornig und hieb ihr mit einem Stock gegen das Vorderbein. Die Katze verschwand in der Dunkelheit und schrie mit einer Stimme, die beinahe wie die eines Menschen klang. Am nächsten Tag begegnete der Mann einer alten Frau aus dem Nachbardorf, sie hatte einen bandagierten Arm. Als er sie fragte, was passiert sei, entgegnete sie, sie wäre die Treppe hinuntergefallen; doch der Mann wusste gleich, dass sie die Hexe war, die sich nachts in eine schwarze Katze verwandelte und seine Milch stahl.

Natürlich war es nicht schwer, weitere »Beweise« für die Existenz von Hexen im wahren Leben zu finden. So wie heute auch wurden Katzen häufig von allein lebenden alten Frauen gehalten, da sie wenig Arbeit machten und gute Gesellschafter waren. In den meisten Fällen liebten und beschützten diese Frauen ihre Katzen mit großer Intensität und überschütteten jeden, der ihrer Katze etwas anzutun schien, mit Drohungen und

Flüchen. Wenn es dem Betroffenen dann tatsächlich schlecht erging, gab man häufig der »bösen« alten Frau die Schuld. Von der betreffenden Katze, die oft dabei beobachtet wurde, wie sie nachts durch die Straßen schlich, behauptete man, sie sinne auf Rache.

Die Kirche besaß reichlich Material, um ihre Anklage gegen die Hexe und ihre Komplizin, die Katze, zu untermauern. 1484 autorisierte Papst Innozenz VIII. die Kampagne offiziell, indem er öffentlich Katzen und jeden, der versuchte, sie zu schützen, anprangerte.

In einem mittelalterlichen Buch mit dem Titel »Die Teufelsbibel« wurde dem gemeinen Volk die Beziehung der Katze zum Teufel in allen Einzelheiten beschrieben. So hieß es beispielsweise, dass alle Katzen eingeladen wären, am Fastnachtsdienstag mit dem Teufel zu speisen, was auch erkläre, warum man an diesem Tag selten eine Katze zu Gesicht bekäme. Weiterhin hieß es, die Tiere stünden auf mannigfaltige Weise mit dem Herrscher über die Unterwelt im Bunde und würden ihren wichtigsten Aufgaben nachts nachkommen:

Nur Dummköpfe wissen nicht, dass alle Katzen einen Pakt mit dem Teufel geschlossen haben … Es ist leicht zu verstehen, warum sie den ganzen Tag schlafen oder vorgeben zu schlafen, im Winter vor dem Feuer und im Sommer in der Sonne. Es ist ihre Aufgabe, die ganze Nacht durch Scheunen und Ställe zu schleichen, alles zu sehen und alles zu hören. Und das erklärt auch, warum es den bösen Geistern, die stets rechtzeitig (von den Katzen) gewarnt werden, immer gelingt, sich in Luft aufzulösen und zu verschwinden, bevor wir sie erblicken können.

Menschen, die in irgendeiner Weise mit Katzen in Verbindung gebracht wurden oder bei denen man dies vortäuschen konnte, waren die Hauptopfer der großen Hexenjagd der Kirche. Im 17. Jahrhundert wurde beispielsweise eine Dänin der Hexerei angeklagt, nachdem sie ein Kind zur Welt gebracht hatte, dessen Schädel an den einer Katze erinnerte. Das Kind litt höchstwahrscheinlich an einer natürlichen Deformierung des Gehirns (Anenzephalie).

Eine Frau, die Zwillinge zur Welt brachte, galt in einigen Ländern ebenfalls als verdächtig, da allgemein angenommen wurde, dass eines der Kinder die Fähigkeit besäße, sich in eine Katze zu verwandeln. Kinder, die eine Katze als Haustier hielten oder auch nur dabei beobachtet wurden, wie sie mit einer Katze spielten, wurden häufig verfolgt. Im Jahre 1699 wurden in dem schwedischen Städtchen Mohra mehr als 300 Kinder angeklagt. Einige wurden hingerichtet, andere gefoltert.

Tatsächlich brachte die Folter viele häretische »Geständnisse« von Menschen hervor, die der Hexerei beschuldigt wurden. Dies trug natürlich dazu bei, die Bevölkerung in ihrem Glauben an eine »Hexenepidemie« zu bestärken. Katzen wurden häufig in die Folter und Hinrichtung von Hexen miteinbezogen; wenn eine Hexe auf dem Scheiterhaufen verbrannt wurde, erlitt ihre Katze meist das gleiche Schicksal. Wenn das Feuer die Leiber der Opfer verzehrte, soll man angeblich eine schwarze Katze gesehen haben, die aus den Flammen sprang.

Katzen wurden auch unabhängig von Hexen gefoltert. Nach Naturkatastrophen wie Überschwemmungen, verdorbenen Ernten oder Feuer, für die man sie häufig verantwortlich machte, wurden Hunderte von Katzen getötet. Manchmal wurden sie auch ohne besonderen Grund gequält und getötet.

Zu Lebzeiten William Shakespeares bestand beispielsweise ein beliebter Zeitvertreib darin, eine Katze in einem Beutel oder einer Lederflasche an einen Ast zu hängen und als Zielscheibe für Bogenschützen zu benutzen. In »Viel Lärm um nichts« bezieht sich Shakespeare mit der Zeile »Hängt mich in einer Flasche auf wie eine Katze« auf diesen Volkssport.

Zudem wurden Katzen im Mittelalter anlässlich einiger religiöser Feste getötet. In ganz Europa wurden am Johannistag – also am 24. Juni – Katzen in Körbe und Säcke gestopft und lebendig verbrannt. Die Asche wurde später mit nach Hause genommen und als Glücksbringer aufbewahrt. Wenngleich die Kirche einmal versucht hatte, dieses traditionelle heidnische Ritual abzuschaffen, das noch aus dem 7. Jahrhundert stammte, beschloss sie im Mittelalter, es in ihre eigene Doktrin aufzunehmen. Da sie aus der Katze ein Symbol für den Teufel gemacht hatte, lehrte die Kirche fortan, dass diese Art der Katzenverbrennung akzeptabel sei, da sie die Gemeinden von den bösen Mächten des Teufels reinige.

Furcht und Hass des Volkes auf Katzen nahmen immer größere Ausmaße an. 1658 schloss Edward Topsell beispielsweise eine detaillierte wissenschaftliche Studie auf dem Gebiet der Naturgeschichte ab, die auch einen langen Abschnitt über die Katze, ihre Anatomie und ihr Verhalten enthielt. Er schließt das Kapitel über dieses Tier mit folgenden Zeilen ab: »Die Vertrauten von Hexen treten für gewöhnlich in Katzengestalt auf, was dafür spricht, dass dieses Wesen eine Gefahr für Leib und Seele darstellt.«

Schließlich glaubte man sogar, dass alles an einer Katze eine Bedrohung für die Menschheit darstellte. Das Fell galt als giftig, ebenso wie die Zähne, von denen es hieß, sie enthielten ein tödliches Serum. Der Atem der Katze könne die Lungen eines Menschen infizieren und zu Schwindsucht führen, hieß es. Sogar das Haar der Katze galt als potenziell tödliche Gefahr; eine Person, die das Pech hatte, auch nur einige wenige davon zu verschlucken, würde ganz sicher ersticken.

Und so nahm die Verfolgung dieser Tiere immer schlimmere Ausmaße an. Im kolonisierten Amerika wurden mehr als 2 000 Katzenhexereiprozesse registriert, und zum ersten Mal in ihrer Geschichte liefen Katzen nach über 50 Millionen Jahren der Evolution Gefahr, ausgerottet zu werden.

Schließlich wurden Katzen nach der großen Pestepidemie in den Sechzigerjahren des 17. Jahrhunderts, die die halbe Bevölkerung Londons dahinraffte, rasch wieder in die Gesellschaft integriert: Sie sollten helfen, die schwarze Ratte, die die Seuche verbreitete, zu bekämpfen. Es kann als pure Ironie angesehen werden, dass ausgerechnet die Ratte, die schon immer so geschickt und gnadenlos von der Katze gejagt worden war, sie nun in Europa vor dem Aussterben bewahren sollte.

Die Franzosen gehörten zu den Ersten, die erkannten, dass die Katzen und die »Hexen«, die sie angeblich verkörperten, nicht für körperliche, geistige und soziale Mängel verantwortlich waren. Ganz sicher zählten sie zu den Ersten, die die Katze als Lieblingsmodetier behandelten und sie in allen gesellschaftlichen Schichten willkommen hießen.

Anfang des 18. Jahrhunderts hätschelten die Königin von Frankreich und adelige Damen am Hofe von Louis XV. zahlreiche Katzen. In eleganten Salons wurde rege über die mysteriöse Natur der Katze diskutiert. Einflussreiche Maler wie Fragonard, Boucher und Watteau begannen, Katzen in ihr Motivrepertoire aufzunehmen.

Reich verzierte Grabstätten für geliebte Hauskatzen erfreuten sich wachsender Beliebtheit. Manche Katzenliebhaber bedachten ihre Katzen sogar im Testament, damit die Katzen auch nach ihrem Tod versorgt waren. Kardinal Richelieu, im 17. Jahrhundert Staatsminister von Frankreich, hielt in seinem Leben Dutzende von Katzen als Haustiere und hinterließ den 14 Lieblingen, die ihn überlebten, eine fürstliche Summe.

1799 entschied der französische Astronom Joseph Jérôme de Lalande, dass der Katze ein Platz unter den anderen Tieren am Sternenhimmel gebührte, und so gab er einer neu entdeckten Sternenkonstellation den Namen Felis. Dies mag eine Antwort auf die Frage Voltaires, des Philosophen aus dem 18. Jahrhundert, gewesen sein, die lautete: »Wie können wir uns für ein Tier interessieren, das es nicht verstanden hat, sich einen Platz am nächtlichen Himmel zu erobern, wo all die Tiere funkeln, von den Bären und Hunden bis hin zum Löwen, dem Stier, dem Widder und dem Fisch?« Der Platz der Katze am Himmel war jedoch nicht von Dauer, er wurde ihr knapp hundert Jahre später von Astronomen als ungerechtfertigt wieder aberkannt.

Im 18. Jahrhundert erfreute sich die Katze auch in

anderen europäischen Ländern wachsender Beliebtheit. In England war sie bereits wieder als Haustier akzeptiert worden. Dieser Trend hatte offenbar ein oder zwei Jahrhunderte zuvor begonnen, wie vom Kirchenreformator Erasmus von Rotterdam bestätigt wird. Nach einer Reise im 16. Jahrhundert beklagte er sich in einem Brief an einen Freund darüber, dass man, wenn man ein englisches Heim betrete, nicht nur den Gastgeber und seine Gattin nebst Kindern zur Begrüßung küssen müsse, sondern außerdem noch die Hauskatze!

Die Engländer bezogen die Katze in viele Familienaktivitäten mit ein und behandelten sie als respektiertes Mitglied der Familie.

Auf einem Gemälde von William Hogarth aus dem Jahre 1742, das die Graham-Kinder zeigt, ist auch die Katze der Familie zu sehen. »Es hat Hogarth solche Freude gemacht, die Katze zu malen«, schrieb der englische Historiker Kenneth Clarke, »... dass die Graham-Kinder neben ihr alle hohl und leblos wirken. Sie ist die Verkörperung der Cockney-Vitalität, aufmerksam und abenteuerlustig ...« Sogar König Charles I., der von 1625 bis 1649 regierte, hielt sich einen Liebling, der ihm beinahe überallhin folgte. Die Katze war rabenschwarz, und der König betrachtete sie als seinen Glücksbringer.

Die Assoziierung von Katzen und Glück entstand paradoxerweise aus dem mittelalterlichen Glauben, dass die Tiere vom Teufel besessen wären. Wenn jemand auf eine Katze stieß und die Begegnung gesund überstand, hielt man ihn für einen wahren Glückspilz. Parallel hierzu galt es ebenfalls als gutes Omen, wenn eine

Katze ins Haus kam und beschloss zu bleiben, nachdem man ihr bekundet hatte, dass sie willkommen sei. Wenn man die Katze gut behandelte, besänftigte man ihren Herrn, den Teufel, und es konnte nie schaden, den Teufel auf seiner Seite zu haben.

Auch ein altes englisches Sprichwort mag zu der allgemeinen Überzeugung beigetragen haben, dass Katzen Glück bringen. Es lautet: »Ist die Katze des Hauses schwarz, wird es den Töchtern des Hauses nicht an Verehrern mangeln.« Da eine rollige Katze eine große Zahl paarungswilliger Kater anzieht, war man der Überzeugung, dass auch zahlreiche Verehrer die alleinstehenden Frauen des Haushaltes beehren würden.

In China wurden Katzen seit jeher als Glücksbringer betrachtet. Ladeninhaber hielten sich häufig Katzen, die ihre Geschäfte positiv beeinflussen sollten. Je älter und hässlicher das Tier war, desto mehr Glück sollte es bringen.

In fast ganz Europa galt Schwarz als absolute Glücksfarbe bei Katzen, weil die Farbe mit dem Okkulten und übernatürlichen Kräften assoziiert wurde. In Amerika wurde die schwarze Katze jedoch stets als dämonisch angesehen und die weiße Katze als Glücksbringer betrachtet.

»Die weiße Katze«, schreibt Desmond Morris, »wurde, vermutlich durch den krassen Kontrast, als Kraft des Lichts gegen das Dunkel betrachtet und somit zum Symbol des Glücks.« Auch heute noch heißt es in Amerika, die schwarze Katze brächte Unglück, während in vielen Teilen Europas gemeinhin das Gegenteil gilt.

Ich mag schwarze Katzen, weil
sie dezent für jede Gelegenheit gekleidet sind,
sie ihrem Besitzer Glück bringen ...
sie bei Tage unübersehbar und bei Nacht unsichtbar
sind ...

Anonym

Das Schicksal von König Charles I. und seiner schwarzen Glückskatze könnte als Beweis dafür dienen, dass schwarze Katzen tatsächlich jenen Glück bringen, die fest daran glauben. Nachdem sein Liebling gestorben war, sagte der König: »Nun ist es mit meinem Glück vorbei.« Vermutlich ahnte er nicht, wie recht er damit behalten sollte, aber schon am nächsten Tag wurde er verhaftet. Er wurde auf Befehl Oliver Cromwells gefangen gehalten und später geköpft.

Friedrich II., der Große von Preußen, der 1786 starb, glaubte ebenfalls, dass es sich lohnte, Katzen als Haustiere zu halten – wenn auch nicht unbedingt, weil er sie als Glücksbringer betrachtete. Er schätzte sie vielmehr wegen ihrer praktischeren Attribute als verlässliche Hüter eingelagerter Vorräte. Während seiner zahlreichen militärischen Kampagnen zur Erweiterung der Grenzen seines Reiches befahl Friedrich der Große den Bürgern jeder eroberten Stadt, ihm eine große Anzahl von Katzen zu übergeben, die dann offiziell zu Hütern der Lebensmittelvorräte seines Heeres ernannt wurden.

In anderen Teilen der Welt hatte die Beliebtheit der Katze nicht in dem Maße gelitten wie im mittelalterlichen Europa, und gegen Ende des 18. Jahrhundert genossen Katzen in diesen Ländern immer noch respektvolle und freundliche Behandlung.

Bei den Moslems beispielsweise waren Katzen von jeher beliebt. Es heißt, Mohammed hätte lieber den Ärmel
seines Gewandes abgeschnitten, auf dem seine Katze
schlief, als sie zu wecken. Seine Katzenliebe war in der
moslemischen Welt wohlbekannt. Sogar heute werden
Katzen, da sie einst die Lieblingstiere Mohammeds waren, in Moscheen toleriert, dürfen nach Lust und Laune
herumstreunen und werden niemals misshandelt.

In Asien waren Katzen nie Opfer religiöser Konflikte
so wie in Europa. Adolph Suehsdorf schrieb 1964 in einem Artikel für »National Geographic«: »Katzen wurden in Gegenden, wo die Menschen nicht an Hexen
glaubten, auch nicht der Hexerei bezichtigt.«

Im 19. Jahrhundert waren Katzen im viktorianischen England beliebter als Hunde, da sie als saubere
und ungefährlichere Haustiere galten. Königin Victoria
besaß in ihrem Leben mehrere Katzen, darunter zwei
Blaue Perser. Als sie 1901 starb, hinterließ sie ihre
White Heather ihrem Sohn Edward VI., der ebenfalls
mehrere Katzen als Haustiere hielt.

Der Vierbeiner wurde immer noch für seinen praktischen Nutzen als unübertroffener Mäusejäger geschätzt.
In der zweiten Hälfte des 19. Jahrhunderts wurde den
Katzen erneut Gelegenheit gegeben, ihre Geschicklichkeit unter Beweis zu stellen, da die industrielle Revolu-
tion ein rasches Wachstum der Städte und somit auch
der Fabriken, Lagerhäuser und ähnlicher Gebäude zur
Folge hatte. In diesen Stätten begannen Mäuse und Ratten sich in nie gekannter Weise zu vermehren. Um des
Problems Herr zu werden, rekrutierten Vorsteher von
Bibliotheken, Bahnhöfen und anderen öffentlichen Ge-
bäuden Katzen, für deren Anschaffung und Verpfle-

gung der britische Staat aufkam. Die Katzen arbeiteten höchst effizient, und zeitweilig waren mehr als 100 000 von ihnen als britische Staatsbeamte im Dienst!

Die meisten Tiere unterhielt vermutlich die britische Post, die das Projekt 1868 begründete. Der Postminister gestattete anfangs die Anschaffung von drei Katzen zur Mäusebekämpfung, erklärte sich jedoch nur bereit, einen Schilling die Woche für Katzenfutter zu bewilligen anstatt der zwei Schillinge, die das Finanzministerium vorgeschlagen hatte. »Sie müssen sich von den Mäusen ernähren«, sagte er, »… (und) wenn die Anzahl der Mäuse sich nicht innerhalb von sechs Monaten erheblich reduziert hat, wird auch diese Unterstützung gestrichen.« Als ersichtlich wurde, dass das System funktionierte, folgten viele andere Einrichtungen diesem Beispiel. Die allgemein bewilligten Zuschüsse von sechs oder sieben Pence pro Katze waren beinahe immer zu niedrig, um eine ausreichende Ernährung zu gewährleisten. Somit wurde die Zahl der Mäuse gewöhnlich gering gehalten. 1873 jedoch gelang es einem Postvorsteher aus Southampton, die Regierung davon zu überzeugen, dass er zusätzliche Gelder zum Unterhalt seiner Dienstkatze bräuchte, indem er auf die Abnutzung seiner Schuhsohlen und die Würdelosigkeit hinwies, die es bedeute, in der Uniform Ihrer Majestät Katzenfutter durch die Straßen zu schleppen.

Aber wenngleich die Katzen als zuverlässige Mäusefänger und wegen ihrer im Vergleich zu anderen Haustieren gepflegten Erscheinung geschätzt wurden, waren sie im England des 19. Jahrhunderts vor allem deshalb so beliebt, weil sie der viktorianischen Vorliebe für das Schöne und Exotische entsprachen.

Da sie als würdevoller und anmutiger galten als

Hunde, waren Katzen verschiedenster ausländischer Rassen vertreten. Aus dem Orient waren zahlreiche Rassen importiert worden, einschließlich der schlanken Siamkatze aus dem Thailand des 17. Jahrhunderts, der Angorakatze aus der Türkei des 16. Jahrhunderts (sie ist nach der türkischen Hauptstadt Ankara benannt, die einstmals *Angora* ausgesprochen wurde) und der extravaganten Perserkatze aus dem gleichen Jahrhundert, die aus dem Iran stammte. Zu den anderen aus dem Osten importierten Rassen gehörte die Korat aus Thailand, die Russisch Blau, die Burma- und Birmakatze aus Burma, die Japanese Bobtail, die Abessiner und die Egyptian Mau.

Britische Katzen wurden selbstverständlich ebenfalls gehalten, galten jedoch als weniger reizvoll. Tatsächlich war der Westen ganz allgemein weit hinter dem Osten zurückgefallen, was die gezielte Zucht reinrassiger Katzen betraf. Dies war aller Wahrscheinlichkeit nach auf das dunkle Kapitel im Mittelalter zurückzuführen. Im Osten hingegen waren die Katzen gehätschelt und über Jahrhunderte sorgfältig gezüchtet worden. Somit ist es nicht verwunderlich, dass exotische orientalische Rassen sich im Westen solcher Beliebtheit erfreuten, vor allem in dem der Ästhetik huldigenden viktorianischen Zeitalter.

Im 19. Jahrhundert begann man in Europa schließlich ebenfalls, Katzen zu züchten, um charakteristische Eigenschaften und Merkmale ihrer Tiere stärker hervorzuheben. Erstmals wurden Katzenausstellungen abgehalten, womit eine Tradition begründet wurde, die sich bis in unsere Zeit gehalten hat. Die erste Katzenausstellung der Welt fand in den Sechzigerjahren des

19. Jahrhunderts in Maine statt, gefolgt von der ersten Katzenausstellung in London im Jahre 1871. Wie zu erwarten gewesen war, spielten bei diesen Veranstaltungen viktorianische Werte eine nicht unerhebliche Rolle bei der Bewertung der Katzen. Männliche und weibliche Tiere wurden als solche bezeichnet, während man kastrierte Tiere als »geschlechtslos« betitelte, vielleicht um peinlichen Fragen von Kindern zuvorzukommen. 170 Katzen nahmen an der ersten Londoner Katzenausstellung teil und wurden in zwei Kategorien eingeteilt: »britische Rassen« und »orientalische Rassen«. Diese wurden dann wiederum in 25 verschiedene Unterkategorien eingeteilt.

Der Organisator der Ausstellung, Harrison Weir, war ein ehemaliger Katzenhasser. Er schrieb ein umfassendes Buch über die Hauskatze mit dem Titel »Our Cats and All about Them« (Alles über unsere Katzen), in dem er Katzen zu den perfektesten Vertretern der Tierwelt zählte. Das Buch enthielt die erste detaillierte Beschreibung und Definition reinrassiger Tiere und wurde vom Autor selbst als »das Ergebnis von über fünfzigjähriger sorgfältiger, überlegter und achtsamer Beobachtung, umfassender Recherchen und lohnender Aufmerksamkeit gegenüber den Tatsachenberichten und Fantasien anderer« beschrieben.

Das Buch legte den Grundstein für Katzenliebhaberclubs, die sich schon bald in Amerika und Großbritannien bildeten. Zum ersten Mal wurden Organisationen zum Schutz der Katze und anderer Tiere vor Grausamkeit gegründet. Der »National Cat Club« in Großbritannien wurde 1887 gegründet und führte ein eigenes Katzenstammbuch und -register. 1910 schloss er sich mit seinem Rivalen, dem »Cat Club«, zusammen, und gemeinsam bildeten sie den »Governing Council of the Cat Fancy«. Inzwischen gibt es mehr als hundert anerkannte Rassen von Hauskatzen. Sie ist weltweit zu einem etablierten und beliebten Haustier avanciert, dessen Zahl in manchen Ländern sogar die der Hunde übersteigt. Manche Menschen gehen so weit zu behaupten, dass einem Heim ohne Katze etwas fehle.

Ein Haus ohne Katze, und zwar ohne gut genährte, gehätschelte und angemessen verehrte Katze, mag vielleicht ein perfektes Heim sein, aber wie kann es diesen Anspruch beweisen?!

Mark Twain (1835–1910)

Mark Twain war nur eine von vielen berühmten Persönlichkeiten, deren glückliche Beziehung zu Katzen wohlbekannt ist. Er war total vernarrt in sie und gab seinen eigenen so ungewöhnliche Namen wie Zoroaster und Blatherstrike, damit seine Kinder lernten, schwierige Wörter auszusprechen.

Jean Cocteau, der französische Dichter, der von 1889 bis 1963 lebte, schien ebenfalls zu spüren, inwieweit Katzen die Atmosphäre eines Heims beeinflussen können, wenn sie gut gepflegt werden. »Ich liebe Katzen, weil ich mein Heim liebe«, sagte er, »und nach und nach werden sie zu seiner sichtbaren Seele. Von diesen eigenartigen Wesen, die sich mit tadelloser königlicher Würde durch das Netzwerk unserer Verstellungen bewegen, geht eine Art spannungsgeladener Stille aus, und sie geruhen nur jene wahrzunehmen, die sie faszinieren oder ihnen Geborgenheit vermitteln.«

Menschen, von denen bekannt ist, dass sie glückliche Katzen hielten, haben gewöhnlich die Wünsche ihrer Katze erkannt und erfüllt. Sir Isaac Newton beispielsweise ist die Erfindung der Katzenklappe zu verdanken, die er sich ausschließlich der Bequemlichkeit seiner Katzen zuliebe ausdachte.

Theodore Roosevelt, von 1901 bis 1909 Präsident der Vereinigten Staaten, hatte eine sechszehige graue Katze namens Slippers, die mit Vorliebe mitten auf einem belebten Flur zwischen dem East Room und dem Speisezimmer des Weißen Hauses lag. Slippers genoss im Weißen Haus solches Ansehen, dass jeder, der ihm begegnete, wenn er auf dem Flur lag, einschließlich des Präsidenten selbst, gehalten war, um ihn herumzugehen.

Der erste Präsident der Vereinigten Staaten, der im Weißen Haus eine Katze hielt, war Abraham Lincoln. Es ist bekannt, dass er diese Tiere außerordentlich gernhatte und sich förmlich überschlug, ihnen Gutes zu tun. Bei einem Besuch bei General Grant während des Bürgerkrieges 1860 entdeckte er beispielsweise drei Kätzchen in einem Zelt, die offenbar die Mutter verloren hatten. Bevor er das Lager verließ, gab er Anweisung, sie gut zu pflegen und zu füttern, und er erkundigte sich auch später fast täglich nach ihrem Befinden. Im Weißen Haus genoss Lincoln die wohltuende Beziehung zu seinen eigenen Hauskatzen, da sie ihm halfen, sich zu entspannen. Dem Autor seiner Biografie, William Herndorn, zufolge, »hörte er auf zu denken, wenn er ermüdete, und ging nach unten, um sich im Spiel mit einem Hunde- oder Katzenwelpen zu erholen«.

Winston Churchill betrachtete seine Katze gar als

wichtiges Familienmitglied. Es heißt, er habe sie in seinem Bett schlafen lassen und gelegentlich sogar beim Essen einen Stuhl für sie an den Tisch gestellt.

Die meisten Menschen werden mir wohl darin zustimmen, dass die Beziehung zwischen Hauskatzen und ihren Besitzern inzwischen eine angenehme und für beide Seiten positive Ebene erreicht hat. Viele mögen sogar sagen, dass die Katzen inzwischen im Haus das Regiment führen. Sie sind so hochnäsig und unabhängig, wie es ihnen gefällt, schenken uns gerade so viel Liebe und Zuneigung, wie es ihnen Spaß macht, und schaffen es doch, ihren Besitzer dahin zu bringen, ihnen jeden Wunsch zu erfüllen.

Könnte es vielleicht sein, dass der Mensch sich an die Katze angepasst hat und nicht die Katze sich an den Menschen? Sind wir, so wie die alten Ägypter, der Katze willig zu Diensten und bringen unsere Verehrung, wenn auch nicht durch die Errichtung von Tempeln, so doch auf zeitgemäßere Art und Weise zum Ausdruck? Möglicherweise sind Katzen tatsächlich so schlau oder sogar schlauer, als wir glauben!

Denn dieses stolzeste unter den Säugetieren hat sich der menschlichen Gesellschaft nicht als Diener oder Leibeigener angeschlossen, nicht als Sklave wie die Lasttiere oder als demütiger Weggefährte wie der Hund. Die Katze ist nur in dem Maße häuslich, wie es ihr gefällt; sie lässt sich weder einsperren, einspannen noch befehlen oder sonst wie in ihrer Bewegungsfreiheit einschränken.

Saki, The Achievement of the Cat
(etwa: Die Taten der Katze)

V.

Der ultimative Intelligenztest für Katzenbesitzer

Das Herz jedes überzeugten Katzenhassers kann von jeder x-beliebigen Katze erobert werden, die sich entschließt, den Betreffenden für sich zu gewinnen.

Paul Corey, Do Cats Think?
(Können Katzen denken?)

Jede Katze arrangiert sich auf ihre ganz spezielle Art mit ihrem Besitzer. Wenngleich allgemein unabhängig, sind Katzen auch klug genug zu begreifen, dass wir nicht nur ihre grundlegenden Bedürfnisse befriedigen, sondern ihnen auch einige zusätzliche Annehmlichkeiten bieten können. Um das zu bekommen, was sie sich vom Leben wünschen, müssen Katzen lernen, sich das, was sie sich wünschen, von uns zu beschaffen.

Katzenbesitzer lassen sich grob gesagt in zwei Kategorien einteilen: Es gibt jene, die den Unterschied zwischen der Erfüllung von Grundbedürfnissen und direkter, wenn auch nicht immer offenkundiger Manipulation erkennen, und jene, die ihrer Katze freudig jeden Wunsch von den Augen ablesen.

»Der ultimative Intelligenztest für Katzenbesitzer« soll dazu dienen, zu ermitteln, welcher Kategorie Sie angehören und, genauer, welchem Katzenbesitzertyp Sie entsprechen. Der Test umfasst 75 Fragen mit mehreren möglichen Antworten, die in vier Bereiche unterteilt sind: Hintergrundinformationen, Erziehung, Anhänglichkeit und Sensibilität. Beantworten Sie jede Frage so korrekt wie möglich, und kreuzen Sie nur eine Antwort pro Frage an.

Wenn eine Frage nicht auf Sie zutrifft, kreuzen Sie

die Antwort an, die sie wählen würden, wenn die Frage auch auf Sie zuträfe. Wenn keine der vorgegebenen Antworten passt, wählen Sie die, die der Antwort, die Sie gern darauf geben würden, am ähnlichsten ist. Notieren Sie sich die jeweiligen Buchstaben zum späteren Vergleich mit der Punktetabelle.

Nachdem Sie alle Punkte addiert haben, blättern Sie zum Abschnitt »Testergebnisse« weiter, um Ihre Punktezahl in einen Katzenbesitzer-IQ umzurechnen. Nachdem Sie Ihren IQ ermittelt, mit der Einstufungstabelle für Katzenbesitzerintelligenz verglichen und herausgefunden haben, welcher Besitzerkategorie Sie angehören, können Sie das Kapitel »Empfohlene Katzenrassen ...« konsultieren. Hier können Sie nachlesen, welche Rassen am besten zu Ihnen passen.

Viel Spaß und viel Erfolg!

Hintergrundinformationen

1. *Hatten Sie in Ihrer Kindheit Katzen und wenn ja, wie viele?*
   A Ja, eine bis drei.
   B Mehr als drei.
   C Nein, ich hatte keine Katze.
   D Ich hatte in meiner Kindheit Kontakt zu Katzen, hatte aber keine eigene.

2. *Wie war in Ihrer Kindheit und Jugend ganz allgemein Ihre Einstellung zu Katzen?*
   A Ich konnte sie nicht leiden.
   B Neutral.
   C Ich mochte Katzen, zog aber andere Tiere vor.
   D Ich mochte sie mehr als die meisten Leute, die ich kannte.

3. *Haben Sie in Ihrer Kindheit viel Zeit mit anderen Tieren als Katzen verbracht?*
   A Ja. Wir hatten immer mindestens einen Hund in der Familie.
   B Ja. Ich hatte in meiner Kindheit eine ganze Reihe von Haustieren.
   C Ja, aber ich habe andere Tiere nie so gerngehabt wie Katzen.
   D Nein.

4. *Wie würden Sie Katzen und Hunde miteinander vergleichen?*
   A Einige Hunde sind ebenso wie einige Katzen lieb und anhänglich, während andere distanziert

und zurückhaltend sind. Das hängt von Rasse und Erziehung ab.

B Hunde sind viel netter, freundlicher und loyaler als Katzen, und sie geben bessere Haustiere ab.

C Hunde mögen zwar freundlicher und loyaler sein, aber sie sind nicht annähernd so rätselhaft, intelligent und faszinierend wie Katzen.

Die aristokratische Katze verdient unsere Wertschätzung, während der Hund eine unterwürfige Natur ist, die sich ihren Platz durch billige Schmeichelei errungen hat.
Alexandre Dumas (1812–1870)

5. *Glauben Sie, dass Katzen einer bestimmten Farbe Unglück bringen?*

A Ja. Ich glaube, dass schwarze Katzen Unglück bringen.

B Ja, ich glaube, dass weiße Katzen Unglück bringen.

C Nein. Katzen haben keinerlei Einfluss auf das Glück oder Unglück eines Menschen.

D Nein. Ich glaube, dass Katzen den Menschen Glück bringen.

6. *Wie haben Sie sich als Kind gefühlt, wenn jemand eine Katze schlecht behandelt hat?*

A Erheitert.

B Traurig.

C Wütend. Ich habe mein Möglichstes getan, dem ein Ende zu machen.

D Neutral. Ich habe nur verhalten oder gar nicht reagiert.

7. *Was tun Sie für gewöhnlich, wenn Sie bei Freunden oder auf der Straße einer Katze begegnen?*

A Ich gehe ohne Zögern auf sie zu und spiele mit ihr, wenn sie dazu aufgelegt ist.

B Ich spreche sie mit hoher Stimme an und versuche, sie auf den Arm zu nehmen und zu streicheln.

C Ich rufe und streichle sie, wenn sie kommt, wenngleich meiner Erfahrung nach Katzen Fremden gegenüber eher misstrauisch und scheu sind.

D Nichts, es sei denn, sie kommt von sich aus auf mich zu, dann streichle ich sie.

Wer mit einer Katze spielt, muss damit rechnen, gekratzt zu werden.

Cervantes (1547–1616)

8. *Glauben Sie, dass Katzen geeignete Haustiere für Kinder sind?*

A Ja, wenn die Katze gutmütiger Natur ist.

B Ja. Katzen lassen sich keine Grobheiten gefallen und lehren Kinder, wie man mit Tieren umgeht.

C Nein. Katzen neigen mehr als andere Tiere dazu, beim Spiel zu kratzen oder zu beißen.

9. *Wie überzeugt sind Sie von Ihrer Fähigkeit, sich mit einer Katze anzufreunden?*

A Absolut überzeugt, da es mir in der Vergangenheit stets gelungen ist.

B Ganz und gar nicht überzeugt, weil es immer die Katze ist, die entscheidet, ob sie einem freundlich begegnet oder nicht.

C Ziemlich überzeugt, aber einige Katzen sind einfach unnahbar.

Ist jemand besonders gut und gerecht und hat sich ihres Vertrauens würdig erwiesen, lässt die Katze sich zuweilen herab, mit ihm zu verkehren – der Hund hingegen ist jedermanns Freund.

Oliver Herford (1863–1935)

10. *Glauben Sie, so wie es einige Studien behaupten, dass eine Katze der Gesundheit förderlich sein kann?*

A Ja, absolut.

B In den meisten Fällen vermutlich schon, ja.

C Nein. Meiner Erfahrung nach sind sie im Allgemeinen zu distanziert, gute Gesellschafter zu sein.

11. *Was denken Sie von Menschen, wenn Sie erfahren, dass sie keine Katzen mögen?*

A Das ist mir gleich.

B. Dann sinken sie sofort in meiner Achtung.

C Sie tun mir leid, weil ihnen die Freude entgeht, die eine Katze bringt.

D Ich mache mir im Geiste eine Notiz, sie von meiner Katze fernzuhalten.

Erziehung

Wie gut haben Sie ihre Katze erzogen?

12. Wie oft gehorcht Ihre Katze, wenn Sie ihr etwas befehlen?

A Das kommt gar nicht vor. Ich würde meiner Katze nie etwas befehlen.

B So gut wie nie. »Gehorchen« ist für sie ein Fremdwort.

C Fast immer.

D Manchmal, wenngleich ich oft das Gefühl habe, dass sie nur gehorcht, weil sie das Verlangte ohnehin gerade tun wollte.

Ein Hund weiß, wer sein Herr ist, eine Katze nicht.

Der Talmud

13. Wie verhält sich Ihre Katze, wenn Sie auf Ihrem Bett schläft und Sie sich bewegen?

A Sie ist ärgerlich und miaut vorwurfsvoll.

B Sie verbringt die nächsten fünf Minuten damit, sich wieder hinzulegen, um mir deutlich zu verstehen zu geben, dass ich sie gestört habe.

C Sie rührt sich nicht, damit sie mich nicht stört.

D Sie lässt sich schnell wieder nieder.

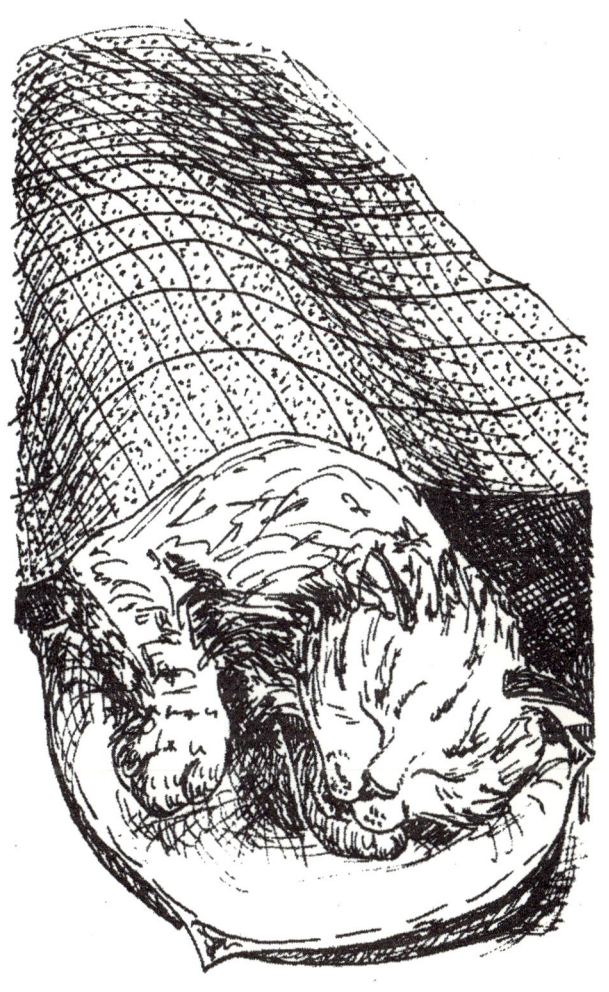

14. *Wie häufig verstößt Ihre Katze gegen die Hausord-*
nung, indem sie beispielsweise nicht die Katzentoi-
lette benutzt oder den Abfalleimer durchstöbert?

A Recht häufig. Meine Katze hat sich nicht ganz
mit den ihr auferlegten Verhaltenszwängen ab-
gefunden.

B Hin und wieder, gewöhnlich dann, wenn sie sich
über etwas geärgert hat.

C So gut wie nie, es sei denn, es gibt einen guten
Grund dafür.

D Kann ich nicht beantworten. Ich habe keine Ver-
haltensregeln für meine Katze aufgestellt.

15. *In welcher Stellung hält Ihre Katze für gewöhnlich*
den Schwanz, wenn Sie nach Hause kommen und
sie Sie begrüßt?

A Freut sich riesig

B Freut sich

C Gleichgültig

D Unter den Körper geklemmt, weil sie immer
schläft, wenn ich nach Hause komme.

16. *Ihre Katze ist bei Ihnen, wenn Sie etwas essen, das*
ihr besonders gut schmeckt. Was würde sie tun,
wenn Sie den Teller auf dem Tisch stehen lassen
und den Raum verlassen würden?

A Sie würde geduldig am Tisch warten, bis ich zu-
rückkomme und ihr etwas abgebe.

B Sie würde um den Tisch herumstreichen und
überlegen, ob sie warten oder auf den Tisch
springen und Schelte riskieren soll.

C Sie würde schnell auf den Tisch springen, sich so

viel von meinem Teller schnappen, wie sie tragen kann, und damit verschwinden.

D Sie würde auf den Tisch springen, kaum dass ich hinausgegangen bin, und sich an Ort und Stelle über meinen Teller hermachen.

17. *Was denken Sie, wenn Sie unter den gleichen Bedingungen wie den oben beschriebenen einen Raum verlassen und ihre Katze der Versuchung nicht nachgibt?*

A Ich frage mich, ob sie sich vielleicht nicht wohlfühlt.

B Ich nehme an, dass sie ausnahmsweise keinen Hunger hat.

C Ich belohne sie für ihr manierliches Verhalten mit einem Leckerbissen von meinem Teller.

18. *Wie benimmt sich Ihre Katze, wenn Sie Freunde zu Besuch haben oder eine Party geben?*

A Wie ein verwöhntes Kind. Sie schmollt, weil sie nicht im Mittelpunkt steht, und ärgert sich über die Störung ihres gewohnten Tagesablaufs.

B Einwandfrei. Gewöhnlich lässt sie sich kurz blicken und verschwindet dann in einen anderen Teil des Hauses.

C Gesellig. Meine Katze liebt Partys und mischt sich unter die Gäste, als würden sie sie besuchen.

D Sie nutzt die sich ihr zahlreich bietenden Gelegenheiten, an Leckerbissen heranzukommen: Gäste, die sie füttern, Brocken, die auf den Boden fallen, oder Speisen, die auf niedrigen Tischen oder gut erreichbaren Flächen stehen.

19. *Sie betreten die Küche und finden Ihre Katze auf der Arbeitsfläche vor. Wie reagieren Sie?*
    A Ich schelte meine Katze, weil sie dort oben nichts zu suchen hat.
    B Ich gebe ihr einen sanften Klaps auf die Nase, um sie wissen zu lassen, dass sie etwas Verbotenes getan hat, und setze sie dann auf den Boden.
    C Ich blicke meiner Katze nur starr ins Gesicht und rufe streng ihren Namen, woraufhin sie sofort herunterspringt.
    D Ich sage freundlich Hallo und streichle sie.

20. *Wie oft reagiert Ihre Katze, wenn Sie sie rufen?*
    A Immer.
    B Fast nie.
    C Meistens.
    D Nur wenn Futter im Spiel ist.

Menschen mit mangelnder Persönlichkeit lieben Katzen. Sie mögen es, wenn man sie ignoriert.
Henry »Harry« Morgan (1915–2011)

Wie gut hat Ihre Katze Sie erzogen?

Katzen gehören niemandem. General wohnt nur bei mir.
John Wayne in dem Film »Der Marshal«
über seine Katze General.

21. *Wie lange lassen Sie sich für gewöhnlich Zeit, auf das hungrige Miauen Ihrer Katze zu reagieren?*
    A Bis es Zeit für ihre nächste Mahlzeit ist.

B Einige Minuten, bis ich das, womit ich gerade beschäftigt bin, unterbrechen kann.

C Nur Sekunden.

22. *Wie rufen Sie Ihre Katze für gewöhnlich?*
A Mit einem Pfiff.
B In hohem Tonfall bei ihrem Namen.
C In normalem Tonfall bei ihrem Namen.
D Mit »Miez, Miez, Miez!«.

23. *Wie tragen Sie dem Bedürfnis Ihrer Katze Rechnung, sich die Krallen zu wetzen?*
A Gar nicht. Meine Katze wetzt sich nur selten die Krallen.
B Ich lasse meiner Katze häufig die Krallen schneiden.
C Ich habe einen Kratzbaum gekauft.
D Ich lasse sie kratzen, wo sie will, auch an Möbeln und Gardinen.

24. *Was halten Sie davon, eine Katze bei Tisch zu füttern?*
A Manchmal gebe ich auf ihr Betteln hin nach, auch wenn ich mir jedes Mal wieder schwöre, dass es das letzte Mal ist.
B Wenn sie bettelt, gebe ich immer nach, wohl wissend, dass es nicht das letzte Mal sein wird.
C Ich gebe der Katze auch dann etwas, wenn sie nicht darum bettelt.
D Ich gebe meiner Katze nie etwas vom Tisch, weil ich sie nicht über die Maßen verwöhnen will.

Der gute Mensch füttert seine Katze, bevor er sich zum
Abendessen an den Tisch setzt.

Hebräisches Sprichwort

25. *Wie oft teilen Sie Ihrer Katze Ihre Gedanken mit?*
    A Nur selten.
    B Nur wenn verbale Schelte angesagt ist.
    C Beinahe täglich.
    D Mehrmals täglich.

26. *Was denken Sie, wenn Sie Ihre Katze an einer*
    Pflanze oder Gras kauen sehen?
    A Dass sie bei der letzten Mahlzeit nicht satt ge-
       worden ist.
    B Dass sie sich nicht wohlfühlt und gewisse Nähr-
       stoffe braucht, die in der Pflanze enthalten sind.
    C Dass sie zum Vegetarier wird.
    D Dass ihr Appetit mich immer wieder in Erstau-
       nen versetzt.

27. *Wie oft scheint Ihre Katze ihren Kopf durchzusetzen?*
    A Fast immer.
    B Immer.
    C Meistens. Hin und wieder verweigere ich ihr,
       was sie möchte, beispielsweise mehr Futter oder
       in meinem Bett zu schlafen.
    D Nur manchmal. Ich bin meiner Katze gegenüber
       recht konsequent.

28. *Welche der folgenden Katzenlaute glauben Sie über-*
    zeugend nachahmen zu können?
    A Miauen.

B Fauchen und miauen.

C Fauchen, miauen und knurren.

D Fauchen, miauen, knurren und schreien.

29. *Wie viele Geschenke haben Sie speziell für Ihre Katze gekauft?*

A Unzählige.

B Mehr als für mich selbst oder sonst jemanden.

C Mehrere.

D Keine.

30. *Wie gut sorgen Sie vor, um zu gewährleisten, dass immer genügend Katzenfutter im Haus ist?*

A Ich bin extrem gut organisiert und habe mindestens eine Wochenration im Haus.

B Ich vergesse nur selten, Katzenfutter zu besorgen. Passiert es aber doch mal, gebe ich ihr von meinem Essen etwas ab.

C Ich vergesse recht häufig, Katzenfutter zu kaufen, sodass meine Katze oft etwas von meinem Essen abbekommt.

D Ich brauche keine Vorsorge zu treffen, da meine Katze immer das isst, was ich auch esse.

31. *Was tun Sie, wenn Ihre Katze krank ist?*

A Ich versuche, selbst eine Diagnose zu stellen, und rufe, wenn nötig, den Tierarzt.

B Ich rufe sofort den Tierarzt und halte mich strikt an seine Anweisungen.

C Ich warte, dass ihr Zustand sich von allein bessert, und rufe nur dann den Tierarzt, wenn ihr Zustand kritisch ist.

32. *Wie sprechen Sie mit Ihrer Katze?*
   A Wie mit einem Neugeborenen.
   B Wie mit einem sechsjährigen Kind.
   C Wie mit jemandem meines Alters.
   D Wie mit jemandem, der älter und weiser ist als ich.

33. *Ihre Katze schläft friedlich, und Sie müssen sie aus irgendeinem Grund wecken. Was tun Sie?*
   A Ich rufe ihr vom anderen Ende des Zimmers aus etwas zu.
   B Ich streichle sie, sage leise ihren Namen und entschuldige mich für die Störung.
   C Ich schüttele sie sanft und fordere sie auf, jetzt aufzuwachen.

34. *Wie zärtlich sind Sie zu Ihrer Katze?*
   A Einigermaßen zärtlich.
   B Nicht sehr zärtlich.
   C Ziemlich zärtlich. Ich nehme meine Katze so oft wie möglich auf den Arm und streichle sie.
   D Ich wäre gern zärtlicher zu ihr, aber meine Katze ist recht distanziert.

35. *Was tun Sie, wenn Sie Ihrer Katze die übliche Futtermenge gegeben haben und sie nach mehr verlangt?*
   A Ich gebe ihr, so viel sie möchte.
   B Ich gebe ihr noch ein wenig, aber nicht zu viel, um sie ja nicht zu verwöhnen.
   C Ich beschließe, sie nächstens früher zu füttern.
   D Ich ignoriere ihr Betteln, weil ich weiß, dass sie genügend Futter bekommen hat.

36. *Wie oft bürsten Sie Ihre Katze?*
A Täglich.
B Etwa einmal die Woche.
C Selten. Sie scheint es nicht zu brauchen.
D Nie. Sie kümmert sich allein um die Fellpflege.

37. *Wie reagieren Sie, wenn Ihre Katze plötzlich auf Ihr Bett springt, während Sie gerade versuchen einzuschlafen?*
A Ich lasse sie sich hinlegen, wo sie möchte, auch wenn es ausgerechnet die Stelle ist, an der ich gerade liege.
B Ich beachte sie nicht weiter, weil meine Katze weiß, dass sie Rücksicht zu nehmen hat.
C Ich sehe zu, wie meine Katze über meine Brust oder meinen Kopf hinwegsteigt, um es sich bequem zu machen.

Anhänglichkeit

38. *Wie oft machen Sie sich wirklich Mühe, Ihrer Katze etwas Gutes zu tun?*
A So gut wie nie.
B Ein paarmal im Jahr.
C Ein- bis zweimal im Monat.
D Fast jeden Tag.

Ich werde nie die Nachsicht vergessen, mit der er Hodge, seinen Kater, behandelte, für den er persönlich die Austern kaufen ging, damit die Dienstboten keine

Antipathie gegen das arme Tier entwickelten, wenn
man ihnen diese zusätzliche Aufgabe aufbürdete.

Boswell über Dr. Samuel Johnson (1709–1784)

39. *Wie viele Fotos besitzen Sie von Ihrer Katze?*
   A Ein bis zwei.
   B Mehrere, einige davon sind gerahmt und stehen
      bei den Fotos von Freunden und meiner Familie.
   C Mehrere, aber ich habe keins aufgehängt.
   D Gar keins.

40. *Wie lange spielen Sie mit Ihrer Katze?*
   A Bis es ihr langweilig wird.
   B Trifft auf mich nicht zu. Ich spiele nicht gern mit
      Katzen.
   C Ein oder zwei Minuten.
   D Bis zu zehn Minuten.

Wenn ich mit meiner Katze spiele, wer vermag zu sa-
gen, ob sie nicht mehr Spaß an mir hat als ich an ihr.
Wir vertreiben einander abwechselnd mit Verrückthei-
ten die Zeit.

Michel de Montaigne (1533–1592)

41. *Aus irgendeinem Grund benutzt Ihre Katze nicht*
   die Katzentoilette, sondern stattdessen das Sofa
   oder einen Sessel. Wie würden Sie hierauf reagie-
   ren?
   A Verärgert. Ich würde die Katze aber in sanftem
      Tonfall tadeln.
   B Sehr verärgert. Ich würde sie mit fester, aber
      freundlicher Stimme tadeln.

C Irritiert, aber ich würde mir sagen, dass die Katze vielleicht versucht, mir etwas mitzuteilen.

D Wütend. Ich würde in etwa das Gleiche empfinden wie Frau Carlyle in untenstehendem Zitat:

... diese Katze! – Ich wünschte, sie wäre tot! Aber ich kann ihre Tage nicht verkürzen! Weil ... solange sie Herrn C. bei seinen Mahlzeiten Gesellschaft leistet (zu anderen Zeiten würdigt sie ihn keines Blickes!), wird Herr C. sie mit Fleischstückchen und Milch füttern – zum Ruin für die Teppiche und Kaminvorleger!!

Frau Carlyle, Ehefrau des Autors Thomas Carlyle. Auszug aus einem Brief an ihr Dienstmädchen, 1865

42. *Wenn Sie Ihre Katze rufen oder auffordern, auf Ihren Schoß zu springen, und sie dem nicht nachkommt, wie lange fahren Sie fort, sie zu locken?*

A Länger, als ich es eingestehen möchte.

B Etwa eine Minute.

C Gute fünf Minuten, wenn ich so viel Zeit habe.

D Ich gebe es nach zwei oder drei Versuchen auf.

43. *Würden Sie jemals ernsthaft in Betracht ziehen, mit Ihrer Katze zu einem Katzenpsychologen zu gehen?*

A Vermutlich nicht.

B Ganz sicher nicht. Das käme mir niemals in den Sinn.

C Möglicherweise, aber nur wenn sich ein ernsthaftes Problem mit meiner Katze ergeben würde.

D Ja. Ich habe das in der Vergangenheit schon getan und gedenke, es in der Zukunft wieder zu tun.

44. *Wie reagieren Sie, wenn Sie einen Raum betreten, in dem sich ein herziges Kätzchen befindet?*

A Ich würde das Kätzchen sofort streicheln und vermutlich darüber vergessen, warum ich den Raum betreten habe.

B Ich würde das erledigen, weshalb ich gekommen bin, und das Kätzchen anschließend streicheln.

C Ich würde das Kätzchen zuerst eine Weile streicheln, aber dann mit dem fortfahren, womit ich vor Betreten des Raumes beschäftigt war.

D Ich würde das Kätzchen ignorieren.

... das verspielte Kätzchen mit den entzückenden kleinen tigerhaften Kapriolen ist unendlich viel amüsanter als die Hälfte der Menschen, mit denen man gezwungen ist, auf dieser Welt zu leben.

Lady Morgan, irische Schriftstellerin (1783–1859)

45. *Wie reagieren Sie, wenn Ihre Katze aus keinem ersichtlichen Grund mitten in der Nacht anfängt zu miauen und Sie aufweckt?*

A Wütend.

B Besorgt.

C Leicht verärgert.

D Ich schließe daraus, dass sie bei mir im Bett schlafen möchte.

46. *Im Jahre 1553 segelte die »Fila Caverna« von Venedig nach Jerusalem, und ein Passagier an Bord des Schiffes schrieb folgenden Bericht eines Vorfalls nieder, in den der Besitzer der Schiffskatze verwickelt war:*

... und so kam es, dass die Schiffskatze ins Meer fiel und sich trotz rauer See wacker schwimmend über Wasser hielt. Als ihr Herr dies sah, ließ er die Anker werfen und das Beiboot mit einem halben Dutzend Besatzungsmitgliedern zu ihr hinausrudern, um sie herauszufischen, obwohl sie schon beinahe eine halbe Meile vom Schiff entfernt war. Ich glaube kaum, dass er so zur Eile gedrängt und solches Aufhebens gemacht hätte, wenn ein Besatzungsmitglied sich in dieser misslichen Lage befunden hätte.

Wie würden Sie handeln, wenn Sie in der gleichen Situation wären?

A Ich würde als Kapitän dasselbe tun.

B Ich würde nicht sechs, sondern zwanzig Mann schicken, meine Katze zu retten.

C Ich würde versuchen, das Schiff näher an die Katze heranzusteuern, und dann einen Mann schicken, sie aus dem Wasser zu holen.

D Ich würde der Katze ein Floß mit Nahrung zukommen lassen, wenn sie nicht erreichbar wäre.

47. *Was tun Sie, wenn Sie es nicht eilig haben und an einer Zoohandlung vorbeikommen?*

A Ich gehe nur dann hinein, wenn das Geschäft interessant aussieht.

B Gewöhnlich gehe ich vorbei.

C Ich gehe fast immer hinein und kaufe etwas für meine Katze.

D Ich gehe normalerweise hinein und kaufe manchmal etwas für meine Katze.

48. *Wie lange dauert es an einem gewöhnlichen Tag, bis Sie ihre Katze begrüßen, wenn Sie nach Hause kommen?*

A Ich schaue immer zuerst nach meiner Katze.

B Etwa fünf Minuten, bis ich den Mantel aufgehängt und die Schlüssel aus der Hand gelegt habe.

C Recht lange, weil meine Katze sich gerne versteckt.

D Das lässt sich so pauschal nicht sagen, weil sich nie vorhersagen lässt, wo meine Katze gerade steckt.

49. *Wie gut ernähren Sie Ihre Katze?*

A Sehr gut, manchmal teile ich auch mein eigenes Essen mit ihr.

B Ziemlich gut; ich gebe ihr nicht oft etwas von meinem Essen ab, aber sie kann von ihrem Futter haben, so viel sie möchte.

C Besser als mich selbst. Meine Katze bekommt täglich ihr Lieblingsfutter.

D Sehr gut und sorgfältig. Meine Katze wird zu bestimmten Zeiten gefüttert und bekommt ein speziell zusammengestelltes, ausgewogenes Futter.

Jenen, die eine Katze gut füttern, wird am Tag ihrer Hochzeit die Sonne lachen.

Walisischer Aberglaube

50. *Wie viele mit Katzen verbundene Gegenstände wie beispielsweise Bilder, Porzellanfiguren und andere dekorative Accessoires besitzen Sie?*

A Gar keine.

B Ein oder zwei.

C Mindestens zehn.

D Mehr als zehn. Mein Zuhause ist eine Huldigung an Katzen im Allgemeinen und meine im Besonderen.

51. *Kaufen Sie Ihrer Katze zum Geburtstag, zu Weihnachten oder zu anderen Anlässen etwas Besonderes?*

A Ja. Meine Katze wird in dieser Hinsicht wie jedes andere Familienmitglied behandelt.

B Nein. Katzen sind gar nicht in der Lage, den Sinn solcher Geschenke zu begreifen.

C Ich denke zwar meistens an den Geburtstag meiner Katze, feiere ihn jedoch in keiner Weise.

D Ich weiß nicht genau, wann meine Katze Geburtstag hat, aber ich schließe sie immer in meine eigenen Feiern mit ein, indem ich ihr eine Extraportion Futter gebe oder ihr einen besonderen Leckerbissen besorge.

52. *Welche Vorkehrungen treffen Sie für Ihre Katze, wenn Sie verreisen?*

A Ich stelle ihr genug Futter und Wasser für diesen Zeitraum hin.

B Ich sorge dafür, dass täglich jemand vorbeischaut, sie füttert und nach ihr sieht.

C Ich gebe sie in eine feine Katzenpension.

D Ich nehme sie überallhin mit.

53. *Wie verhalten Sie sich in einer Tierhandlung?*

A Ich vermeide die Abteilung mit den Katzen, weil ich den Anblick der eingepferchten Kätzchen nicht ertrage.

B Ich gehe sofort zu den Katzen und wünschte, ich könnte jede einzelne von ihnen kaufen.

C Ab und an sehe ich mir die Katzen an, die zu verkaufen sind.

D Ich kaufe schnell das, was ich brauche, und gehe anschließend sofort wieder.

54. *Wie oft gehen Sie mit Ihrer Katze zum Tierarzt, abgesehen von Notfällen und anderen unvorhergesehenen Besuchen?*

A Einmal im Vierteljahr.

B Zweimal im Jahr.

C Höchstens einmal im Jahr.

55. *Tun Sie Ihrer Katze schon mal etwas Gutes, nachdem Sie mit Ihr beim Tierarzt waren?*

A Nein, weil Tierarztbesuche teuer sind, und ich finde, dass es reicht, regelmäßig mit ihr hinzugehen.

B Manchmal, wenn der Besuch besonders unangenehm oder stressig war.

C Selten, weil ich meine Katze nicht verwöhnen möchte.

D Ja, ich fühle mich schuldig, weil ich sie dorthin gebracht habe, und mache es mit ihrem Lieblingsfutter wieder gut.

56. *Wie oft animieren Sie Ihre Katze zum Spielen?*

A Mehrmals täglich.

B Mindestens einmal am Tag.

C Fast nie.

D Ich habe die Versuche aufgegeben, weil meine Katze nur selten Lust zum Spielen hat.

57. *Wie oft sprechen Sie mit anderen über Ihre Katze?*

A Ziemlich oft, sofern sie daran interessiert sind, meine Katzengeschichten zu hören.

B Ziemlich oft, auch wenn sie nicht daran interessiert sind, meine Katzengeschichten zu hören.

C Ich spreche nur über meine Katze, wenn mich jemand nach ihr fragt.

D So gut wie nie und wenn, dann nur, wenn es etwas besonders Wichtiges oder Komisches zu erzählen gibt.

58. *Wie gern hören Sie sich anderer Leute Geschichten über deren Katzen an?*

A Gewöhnlich finde ich die Geschichten interessant und lustig, sofern sie nicht endlos sind.

B Ich höre mir sehr gern anderer Leute Katzengeschichten an und vergleiche sie mit dem, was ich mit meiner eigenen Katze erlebt habe.

C Es macht mir nichts aus, mir die Geschichten anzuhören, aber ich finde ihre Erzählungen nie so interessant wie meine eigenen.

D Ich finde solche Geschichten öde und langweilig.

Sensibilität

59. *Wie würden Sie reagieren, wenn Sie unbeabsichtigt auf Ihre Katze treten und ihr dabei wehtun würden?*

A Ich würde mich darüber ärgern, dass meine Katze wieder einmal im Weg war.

B Es täte mir schrecklich leid, sie getreten zu haben, und ich würde mich sofort bei ihr entschuldigen.

C Ich hätte ganz schreckliche Schuldgefühle. Ich würde versuchen, es wiedergutzumachen, indem ich sie streichle, wenn sie es zulässt, oder ihr etwas von ihrem Lieblingsfutter anbiete.

D Ich würde mich davon überzeugen, dass die Katze nicht ernsthaft verletzt ist, und dann mit meiner Beschäftigung fortfahren.

60. *Ihre Katze döst in der Nähe des Fernsehers. Sie würden gern fernsehen. Was tun Sie?*

A Ich schalte den Fernseher ein, achte jedoch darauf, die Lautstärke leise zu stellen.

B Ich würde den Fernseher nicht einschalten.

C Ich würde mir das Programm in gewohnter Lautstärke ansehen.

D Ich würde meine Katze vorsichtig an einen anderen Platz bringen, an dem sie in Ruhe weiterschlafen kann.

61. *Wie verhalten Sie sich, wenn Sie im Begriff sind, et-was Negatives über Ihre Katze zu sagen, und glau-ben, dass sie in Hörweite ist?*

A Das trifft auf mich nicht zu. Ich würde niemals etwas Negatives über meine Katze sagen.

B Ich würde stattdessen etwas Positives, Liebevol-les über sie sagen.

C Ich würde meine Unterhaltung ganz normal fort-setzen.

D Ich würde abrupt das Thema wechseln.

Ich erinnere mich, dass Hodge (der Kater) eines Tages offenbar mit großem Behagen an Dr. Johnsons Brust hinaufkletterte, während mein Freund ihm lächelnd und leise pfeifend den Rücken streichelte und sein Hin-terteil tätschelte. Als ich bemerkte, das wäre aber eine feine Katze, sagte er: »Nun ja, Sir, aber ich habe Kat-zen gehabt, die ich lieber mochte als diese.« Und dann, als hätte er gespürt, dass er Hodge gekränkt hatte, fügte er hinzu: »Aber er ist ein feiner Kater, ein wirklich fei-nes Tier.«

Herr Boswell über Dr. Samuel Johnson (1709–1784)

62. *Katzen geben je nach Situation verschiedene Laute von sich. Wie viele der folgenden Miau-Variationen können Sie unterscheiden?*

– Das Begrüßungsmiau   – Das zornige Miau
– Das hungrige Miau   – Das freudige Miau

A Eine.

B Zwei.

C Drei.

D Vier.

63. *Sehen Sie davon ab, Ihre Katze in Anwesenheit Dritter zu bestrafen?*

A Ja. Ich würde sie aus Respekt niemals in Anwesenheit Dritter maßregeln.

B Ich würde nur dann zögern, wenn ich sie streng bestrafen müsste.

C Nein, darüber mache ich mir keine Gedanken, weil die Katze für eine Missetat sofort bestraft werden muss, da sie sonst nicht begreift, was sie falsch gemacht hat.

D Ich strafe meine Katze nie.

64. *Was tun Sie, wenn Ihre Katze versucht, Sie zu beißen?*

A Ich gebe ihr einen leichten Klaps und ermahne sie, das nie wieder zu tun.

B Ich schimpfe mit ihr.

C Ich gebe ihr als Ersatz ein Spielzeug, in das sie hineinbeißen kann.

D Ich erkenne, dass sie mir etwas mitteilen möchte, und versuche herauszufinden, was es ist.

Der New Yorker Katzentherapeutin Carole Wilbourn zufolge leiden Katzen, die beißen, häufig am Einzelkatzensyndrom. »(Beißen) ist ein Verhalten, das dazu dient, Aufmerksamkeit zu erreichen. Es entspringt der Langeweile«, sagt sie.

65. *Was tun Sie, wenn Sie in einem Zimmer ihres Hauses beschäftigt sind und in einem anderen Raum Ihre Katze miauen hören?*

A Ich versuche, die Art des Miauens zu bestimmen, bevor ich entscheide, was ich tue.

B Ich lasse alles stehen und liegen und laufe zu ihr, um nachzusehen, ob mit ihr alles in Ordnung ist.

C Ich fahre mit dem fort, was ich gerade tue, es sei denn, es klingt nach einem Notfall.

66. *Ihre Katze ist besonders mitteilsam, und Sie glauben, dass sie versucht, Ihnen etwas zu sagen. Was tun Sie?*

A Ich ignoriere sie.

B Ich versuche zu verstehen, was sie will, und antworte ihr mit Katzenlauten.

C Ich nehme sie in den Arm oder folge ihr, bis ich herausgefunden habe, was sie mir mitteilen will.

D Ich sage ihr, dass sie weggehen und still sein soll.

67. *Welche Schlafmöglichkeit bieten Sie Ihrer Katze?*

A Ich habe ihr das luxuriöseste Katzenkörbchen gekauft, das ich finden und/oder mir leisten konnte.

B Ich habe einen gewöhnlichen Katzenkorb gekauft, der zwar nicht besonders hübsch ist, aber seinen Zweck erfüllt.

C Ich habe ihr keine eigene Schlafstätte bereitgestellt, weil sie bereits ein Bett hatte – meins.

D Ein spezieller Katzenkorb ist überflüssig, da meine Katze schlafen kann, wann und wo sie will.

68. *Mögen Sie es, eine Katze auf Ihrem Schoß oder Ihrer Seite zu haben, wenn Sie sitzen oder schlafen?*

A Ja, sehr.

B Ja, meistens.

C Manchmal.

D Nein, ich ziehe eine größere Distanz vor.

69. *Was, glauben Sie, bedeutet es, wenn Ihre Katze die Ohren flach an den Kopf anlegt?*

A Dass sie friert.

B Dass sie Angst hat oder wütend ist.

C Dass sie ihre Ruhe haben möchte.

D Dass sie ihre Ohren trainiert.

70. *Katzen bringen ihren Besitzern Geschenke wie erbeutete Vögel oder durchgekaute Kleidungsstücke. Wie würden Sie reagieren, wenn Ihr Liebling Ihnen ein solches Geschenk brächte?*

A Ich würde mich darüber freuen, dass meine Katze mir eine Freude machen will.

B Ich würde das Geschenk meiner Katze zur Kenntnis nehmen, sie aber auch sachte für den angerichteten Schaden schelten.

C Ärgerlich und bekümmert und sie sofort schelten.

71. *Was empfinden Sie, wenn Sie hören, wie ein guter Bekannter / eine gute Bekannte von Ihnen mit Ihrer Katze schimpft?*

A Ich würde mir Sorgen wegen meines Bekannten/ meiner Bekannten machen. Ich bin überzeugt, dass er/sie stets fair ist und die Schelte gerechtfertigt ist.

B Ich wäre verärgert darüber, dass meine Katze sich einem guten Bekannten gegenüber danebenbenommen hat.

C Ich wäre ärgerlich auf meine(n) Bekannte(n), weil sie/er sich in die Erziehung meiner Katze einmischt.

D Ich wäre wütend, dass mein(e) Bekannte(r) sich in die Erziehung meiner Katze einmischt.

Ich habe meine Frau einmal dafür getadelt, dass sie die Katze vor dem Dienstmädchen geschlagen hat, das nun, sage ich, die Mieze möglicherweise dem Beispiel ihrer Herrin folgend misshandeln wird.

Dr. Samuel Johnson, Kritiker und
Schriftsteller (1709–1784)

72. *Was tun Sie, wenn Sie im Begriff sind, sich zum Essen an den Tisch zu setzen, und Ihre Katze Sie dabei beobachtet?*

A Ich gebe ein wenig von meinem Essen für die Katze in einen Napf.

B Ich gebe ihr etwas Katzenfutter, auch wenn eigentlich keine Fütterungszeit ist.

C Ich füttere sie, aber nur, wenn gerade Fütterungszeit ist.

73. *Ihre Katze schreit anhaltend und ist wegen irgendetwas sichtlich aufgebracht. Wie reagieren Sie?*

A Ich komme zu der Überzeugung, dass Katzen als Haustiere völlig ungeeignet sind.

B Verunsichert, bis die Katze sich besser fühlt und mit dem Schreien aufhört.

C Besorgt.

D Ärgerlich.

74. *Was tun Sie, wenn Sie zu Hause versuchen zu arbei-
ten oder zu lernen und Ihre Katze Sie nicht in Ruhe
lässt?*

A Ich warte geduldig, bis sie sich beruhigt hat, und
versuche derweil, mich auf meine Arbeit zu konzentrieren.

B Ich lasse meine Arbeit sofort liegen und küm-
mere mich um die Katze, bis sie zufrieden
scheint und mich in Ruhe lässt.

C Ich packe meine Sachen und gehe in ein anderes
Zimmer, in der Hoffnung, dass meine Katze mir
nicht nachläuft.

D Ich sperre die Katze aus.

75. *Ihre Katze schläft auf einem Sessel, in den Sie sich
setzen möchten. Was tun Sie?*

A Ich versuche, sie auf einen anderen Sessel umzu-
betten, ohne sie zu wecken.

B Ich werfe sie hinunter.

C Ich rufe leise ihren Namen und wecke sie sanft.

D Ich überlege, ob ich mich wirklich ausgerechnet
in diesen Sessel setzen muss.

Testergebnisse

Punktetabelle

Frage	Antworten A	B	C	D	Punkte
1	3	4	1	2	
2	1	2	3	4	
3	2	3	4	1	
4	2	1	3		
5	1	1	2	3	
6	1	3	4	2	
7	3	4	2	1	
8	2	3	1		
9	3	1	2		
10	3	2	1		
11	1	2	3	4	
12	4	3	1	2	
13	3	4	1	2	
14	3	2	1	4	
15	4	3	2	1	
16	1	2	3	4	
17	3	1	2		
18	4	1	2	3	
19	1	3	2	4	
20	1	3	2	4	
21	1	2	3		
22	2	4	3	1	
23	2	1	3	4	
24	2	3	4	1	
25	2	1	3	4	
26	2	4	1	3	
27	3	4	2	1	
28	1	2	3	4	
29	4	3	2	1	
30	1	2	3	4	
31	2	3	1		
				Übertrag	

Frage	Antworten				Punkte
	A	B	C	D	
32	1	2	3	4	
33	1	3	2		
34	3	1	4	2	
35	4	3	2	1	
36	4	3	2	1	
37	2	1	3		
38	1	2	3	4	
39	2	4	3	1	
40	4	1	2	3	
41	4	3	2	1	
42	4	2	3	1	
43	2	1	3	4	
44	4	2	3	1	
45	1	3	2	4	
46	3	4	2	1	
47	2	1	4	3	
48	4	3	2	1	
49	3	2	4	1	
50	1	2	3	4	
51	4	1	2	3	
52	1	2	3	4	
53	3	4	2	1	
54	3	2	1		
55	1	3	2	4	
56	4	3	1	2	
57	3	4	1	2	
58	2	4	3	1	
59	1	3	4	2	
60	2	4	1	3	
61	4	3	1	2	
62	1	2	3	4	
63	3	2	1	4	
64	1	2	3	4	
65	2	3	1		
66	1	3	4	2	
67	3	2	4	1	
68	4	3	2	1	
69	2	4	3	1	
70	3	2	1		
				Übertrag	

Frage	Antworten				Punkte
	A	B	C	D	
71	1	2	3	4	
72	3	2	1		
73	1	4	3	2	
74	3	4	2	1	
75	3	1	2	4	
				Gesamtpunktzahl	

Einstufungstabelle der Katzenbesitzerintelligenz

Punkte	Katzenbesitzertyp
80 und weniger	Der Praktiker
81–100	Der Flexible
101–139	Der Seelenverwandte
140 und mehr	Der Begeisterte

Grafische Darstellung der Katzenbesitzerintelligenz

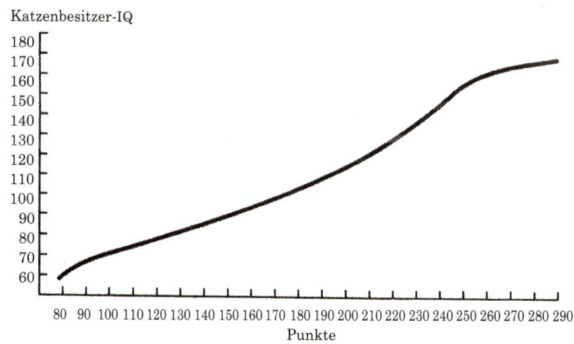

Katzenbesitzer-IQ

Punkte

VI.
Empfohlene Katzenrassen für die verschiedenen Katzenhaltertypen

Typ 1: Der Praktische
(80 Punkte oder weniger)

Allgemeines

Als praktischer Besitzertyp brauchen Sie eine ebenso intelligente wie selbstständige Katze. Die für Sie ideale Katze kommt allein zurecht und zieht es vor, nicht mit übermäßiger Aufmerksamkeit überschüttet zu werden. Tatsächlich empfindet sie die meisten Zuneigungsäußerungen als lästig.

Pflege

Ihre Katze sollte in der Lage sein, ihren eigenen Pflege- und im Idealfall auch ihren eigenen Fütterungsplan aufzustellen. Sie möchten ihr am liebsten das Futter für einen ganzen Tag hinstellen, ohne sich Sorgen machen zu müssen, dass Ihre Katze zu viel oder zu wenig frisst.

Eigenschaften

Kurzhaarig muss sie sein, da Sie sich nicht zusätzliche Arbeit durch tägliches Bürsten und Beseitigen langer Katzenhaare aufhalsen möchten. Zu Ihnen könnte eine exotische Rasse passen, vor allem eine, die Ihr Zuhause durch ihre Eleganz verschönert.

Umgebung

Sie brauchen eine Katze, die völlig damit zufrieden ist, sich im Haus aufzuhalten. Sie möchten sich nicht damit belasten, die Katze herein- oder herauszulassen oder, schlimmer noch, kostbare Zeit darauf zu verwenden, sie in der Umgebung suchen zu müssen.

Die für Sie ideale Katze sollte in der Lage sein, sich im Haus alleine beschäftigen zu können, und auf Katzenspielzeug verzichten können, das zu kaufen Ihnen vermutlich ohnehin widerstreben würde!

Empfohlene Rassen

Bombaykatze	Rex
Britisch Kurzhaar	Russisch Blau
Europäisch und	Scottisch Fold
Amerikanisch Kurzhaar	Singapura

Typ 2: Der Flexible
(81–100 Punkte)

Allgemeines

Flexible Besitzer betrachten sich häufig selbst als praktisch veranlagt, während sie tatsächlich den Wünschen ihrer Katze öfter nachgeben, als ihnen vielleicht bewusst ist. Dies geschieht für gewöhnlich unwissentlich und fast immer auf Initiative der betreffenden Katze. Für flexible Katzenbesitzer kommen somit dieselben Rassen infrage wie für die praktischen Besitzer, jedoch ist der flexible Typ besser für Katzen geeignet, die hin und wieder Zuneigung schätzen und fordern.

Pflege

Sie wären am glücklichsten mit einer Katze, die ihre Fellpflege eigenständig übernimmt, jedoch manchmal gebürstet und gebadet werden muss. Die Chancen, dass Sie dies gerne tun, wenn Ihre Katze Sie dazu animiert, stehen gut. Ihre Idealkatze ist zufrieden mit einer ausgewogenen und regelmäßigen Diät, wird jedoch immer mal wieder nach Abwechslung verlangen. Obwohl sie schlau genug ist, sich ihre Tagesration selbstständig einzuteilen, zieht sie es vor, dass Sie ihr das Futter zu bestimmten Zeiten anbieten.

Eigenschaften

Kurzhaarige Rassen sind in Ihrem Fall den langhaarigen vorzuziehen, weil sie weniger Arbeit bei der Fellpflege machen. Sie werden möglicherweise feststellen, dass Sie sich einer Katze, die Sie optisch schön finden, enger verbunden fühlen. Gleichzeitig wird eine Katze, die von Natur aus freundlich, umgänglich und häufig liebesbedürftig ist, dafür sorgen, dass Sie ihr die nötige Aufmerksamkeit schenken.

Umgebung

Eine reine Hauskatze, die nur selten den Wunsch nach einem Erkundungsgang im Freien verspürt, wird sich bei Ihnen wohlfühlen. Ihre Idealkatze möchte eine große Auswahl von Spielsachen im Haus haben, da sie Sie regelmäßig zum Spielen wird auffordern wollen. Da Ihre Katze gesellig ist, wäre ein Haushalt ideal, in dem mehrere Personen leben oder häufig Gäste zu Besuch sind.

Empfohlene Rassen

Birma	Ägyptische Mau
Britisch Blau	Koratkatze
Cornwall Manx	Ozikatze

Typ 3: Der Zuvorkommende
(101–139 Punkte)

Allgemeines

Als zuvorkommender Katzenbesitzer erfüllen Sie freudig beinahe jeden Wunsch und jedes Bedürfnis Ihrer Katze. Sie überlegen jedoch im Gegensatz zum fanatischen Katzenbesitzer selten, was Sie außer dem von ihr Geforderten sonst noch für Ihre Katze tun könnten. Tatsächlich mögen Sie sogar ungeforderte Zuneigungsbekundungen auf ein gewisses Maß beschränken, aus Furcht, Ihre Katze zu verwöhnen.

Je mehr Zeit Ihre Katze mit Ihnen verbringt, desto besser, da Sie in ihr einen wunderbaren Gefährten sehen. Sie sind glücklich, wenn Sie das Gefühl haben, dass zwischen Ihnen und Ihrer Katze eine starke Bindung besteht, und somit am besten für eine sehr gesellige Katze geeignet, die viel Aufmerksamkeit fordert, ohne jedoch zur Last zu werden.

Pflege

Sie haben vermutlich Spaß an einer Katze, die regelmäßiger Pflege bedarf. Ihre Katze sollte es Sie wissen lassen, wann sie Hunger hat, und Ihnen im Idealfall bei Ihren Mahlzeiten Gesellschaft leisten. Während sie in Bezug auf das, was Sie ihr vorsetzen, nicht wählerisch ist, bieten Sie ihr eine große Futtervielfalt an.

Eigenschaften

Sie wären ebenso mit einer kurzhaarigen wie mit einer langhaarigen Rasse glücklich, aber Langhaarkatzen wären für Sie besser geeignet, weil die Fellpflege regelmäßiger stattfinden sollte. Eine anhängliche, verspielte Katze, die ehrlich an Ihnen hängt, würde Ihnen die meiste Freude bereiten.

Umgebung

Ihre Idealkatze verbringt die meiste Zeit im Haus, unternimmt jedoch mitunter gern einen Ausflug ins Freie, vor allem, wenn Sie selbst das Haus verlassen. Wenngleich sie sehr gut in der Lage ist, sich selbst zu beschäftigen, freut sie sich über jedes Spielzeug, das Sie für sie kaufen. Ihre Idealkatze liebt Besuch und würde einen Mehrpersonenhaushalt vorziehen.

Empfohlene Rassen

Balinesen	Maine-Coon
Burma	Ragdoll
Braune Havanna	Sphynx
Langhaarperser	Türkisch Van

Typ 4: Der Begeisterte
(140 und mehr Punkte)

Allgemeines

Als fanatischer Katzenbesitzer dreht sich bei Ihnen alles um die Katze. Sie ist Herrin über das ganze Haus – einschließlich der Bewohner. Nichts ist Ihnen zu viel, und genau genommen macht es Ihnen Freude, Ihrer Katze jeden Wunsch von den Augen abzulesen. Wenngleich Ihre Idealkatze möglicherweise durchaus in der

Lage wäre, für sich selbst zu sorgen, sind Sie überzeugt, dass sie ohne Sie völlig hilflos wäre.

Pflege

Ihre Katze muss Gefallen an Fellpflege haben, da Sie sie vermutlich täglich bürsten und fast ebenso regelmäßig baden werden, ob nötig oder nicht. Wenngleich ihre Futterschüssel nur selten leer ist, erwartet Ihre Katze, mehrmals täglich Futter gereicht zu bekommen und selbstverständlich auch an Ihren Mahlzeiten teilzuhaben. Sie wird eine reichhaltige und abwechslungsreiche Kost vorziehen.

Eigenschaften

Eine pflegeintensive Katze, die ständig im Mittelpunkt stehen möchte, passt am besten zu einem begeisterten Katzenbesitzer. Ihre Idealkatze stellt hohe Ansprüche und gibt Ihnen zahllose Gelegenheiten, ihr Gutes zu tun. Langhaarige Rassen sind kurzhaarigen sicher vorzuziehen, da sie regelmäßig gebürstet und gebadet werden müssen und ganz allgemein aufwendigerer Pflege bedürfen. Eine unterdurchschnittlich intelligente oder extrem pedantische Katze wird Ihre Aufmerksamkeit häufiger genießen. Für einen fanatischen Katzenliebhaber ist das Aussehen meist weniger wichtig als die Persönlichkeit. Die Katze, die Ihnen am meisten Freude macht, ist sehr anspruchsvoll, zeigt jedoch auch deutlich, dass sie die Aufmerksamkeit und Pflege, die Sie ihr angedeihen lassen, zu schätzen weiß.

Umgebung

Da Sie zu beinahe allem bereit sind, um Ihre Katze glücklich zu machen, möchten Sie ihr den optimalen Rahmen für ihr ständiges Streben nach absoluter Maßlosigkeit bieten. Ihre Idealkatze weiß die Geschenke, die Sie ihr kaufen, zu schätzen, findet sie jedoch bald wieder langweilig, womit sie Sie animiert, neue zu besorgen.

Jeder in Ihrem Haushalt sollte den Sonderstatus Ihrer Katze als Haushedonist anerkennen. Irgendwo im Haus sollte die Katze ein ruhiges Plätzchen für sich haben, und Futter- und Wassernapf sollten stets gefüllt sein. Katzen, die sich ausschließlich im Haus aufhalten, sind für Sie ebenso geeignet wie solche, die gern herumstreunen, aber Ihre Idealkatze wird beides haben wollen, und das für gewöhnlich täglich.

Empfohlene Rassen

Abessinier	Malayan
Angora	Siam
Himalaya	Somali
Japanese Bobtail	Tonkanese
(Japanische Stummel-	
schwanzkatze)	

VII.
Intelligenz ist nicht alles

Nachdem Sie den IQ Ihrer Katze sowie Ihren eigenen als Katzenhalter ermittelt haben, sollten Sie daran denken, dass viele Faktoren zu einer erfolgreichen Beziehung zwischen einer Katze und ihrem Besitzer beitragen, von denen die meisten wichtiger sind als der jeweilige Intelligenzgrad. Es macht Ihnen Spaß, über die Intelligenz Ihrer Lieblingskatze sowie über den Grad ihres Katzenverständnisses zu spekulieren. Doch ist die Ermittlung Ihres IQs und des Intelligenzgrades Ih-

rer Katze vor allem als unterhaltsame und informative Übung gedacht und weniger als klinisch und wissenschaftlich korrekter Test.

Übereinstimmende IQs sind die beste Grundlage für eine glückliche Beziehung. Eine sehr intelligente Katze mag zu jemandem mit einem hohen Katzenbesitzer-IQ in der Kategorie »Begeisterter« passen, wenngleich sie wohl besser geeignet wäre für jemanden mit einem »Praktiker«-IQ. Das Gleiche gilt für Katzen, die beim IQ-Test weniger brillant abgeschnitten haben. Während sie vermutlich am besten zu einem fanatischen Katzenbesitzer passen, der sie mit exzessiver Zuneigung überhäuft, könnte sie sich bei jemandem aus den Reihen der »Praktiker« ebenso wohl-, wenn nicht gar noch wohler fühlen.

Das heißt also, dass bei der Definition der Variablen, die die Beziehung zwischen einer Katze und ihrem Besitzer ausmachen, der jeweilige IQ nicht ausschlaggebend ist und man andere, wichtigere Faktoren, mit in Betracht ziehen muss.

Erziehung

Zu den kritischsten Faktoren gehört die erfolgreiche Sozialisierung der Katze, die darin besteht, sie den Umgang mit anderen zu lehren – eine Prägung, die vor allem beim jungen Tier besonders erfolgversprechend ist.

Während bei Kätzchen, die in den ersten Lebenswochen gehätschelt werden, die Wahrscheinlichkeit größer ist, dass sie eine gewisse Intelligenz entwickeln, kann man bei solchen Tieren, die frühzeitig mit Geräuschen, Aktivitäten und Menschen in ihrer Umgebung in Kontakt kommen, davon ausgehen, dass sie sich an ein häusliches Leben anpassen und sich in dieser Umgebung wohlfühlen.

Die kritischste Phase im Leben einer Katze in Bezug auf den Umgang mit ihrer Umgebung und jenen, die sie mit ihr teilen, scheint das Alter zwischen vier und acht Wochen zu sein.

Je früher man das Kätzchen an die Dinge des täglichen Lebens (Katzentoilette, Lärm von Haushaltsgeräten, Bürsten, Pflegemaßnahmen etc.) gewöhnt, desto normaler sind diese Aktivitäten für ihren Liebling.

Wenn man ein Kätzchen regelmäßig streichelt und mit ihm spielt, ist die Wahrscheinlichkeit größer, dass es im Erwachsenenalter Gefallen daran hat, zu schmusen und auf den Arm genommen zu werden.

Bei einer anpassungsfähigen Katze, die sich in ihrer Umgebung und im Umgang mit Menschen wohlfühlt, stehen die Chancen besser, dass sich zwischen ihr und ihrem Besitzer eine positive Beziehung entwickelt.

Kommunikation

Ein weiterer wichtiger Faktor für eine erfolgreiche Beziehung ist die Fähigkeit, sich miteinander zu verständigen. Hierfür sollten beide Partner möglichst viele der Signale verstehen, die der andere benutzt, um seine Gedanken zu vermitteln. So verraten beispielsweise die Augen eine Menge über die jeweilige Stimmung der

Katze. Die Pupillen verändern ihre Größe nicht nur aufgrund der Lichtverhältnisse oder der Entfernung zu einem Objekt, das sie fixiert, sondern auch in Reaktion auf starke Emotionen. Beobachten Sie die Augen Ihrer Katze, wenn Sie sie das nächste Mal füttern. Wenn wir davon ausgehen, dass sie hungrig ist, werden ihre Pupillen sich beim Anblick des Futters extrem weiten – bei manchen Katzen vergrößern sie sich innerhalb einer Sekunde um das Vier- bis Fünffache. Die Pupillen weiten sich ebenfalls, wenn die Katze etwas Bedrohliches sieht. Eine rasche Erweiterung der Pupillen kann also negativ oder positiv gedeutet werden, und deshalb muss man dieses Signal dem jeweiligen Kontext entsprechend interpretieren.

Wie weit die Augen geöffnet sind, ist ein weiterer Indikator für die derzeitige Stimmungslage der Katze. Sind die Augen weit offen, ist sie aufmerksam oder möglicherweise wachsam. Dies ist häufig der Fall, wenn sie ein ungewohntes Geräusch hört oder von Fremden oder Menschen, denen sie nicht traut, umgeben ist. Sind die Augen halb geschlossen, ist die Katze für gewöhnlich zufrieden und völlig entspannt.

Starren gehört zu den stärksten Signalen, das eine Katze mit ihren Augen geben kann. Als untrennbarer Teil ihres Raubtierverhaltens entwickelt, ist starres Fixieren ein instinktives und wichtiges Mittel, einen Gegner einzuschüchtern. Bei Katzen ist Starren gewöhnlich ein Zeichen von Aggression, sodass sie, wenn man ihnen starr in die Augen sieht, dies gewöhnlich als Bedrohung auffassen.

Aber die vielleicht deutlichste und direkteste Art, sich auszudrücken, besteht bei der Katze in der Vielzahl von Lauten, die ihr Vokabular umfasst. Im Gegensatz zu Hunden, die nur Vokale von sich geben, wenn sie »sprechen«, heißt es von Katzen, dass sie Vokale und Konsonanten verwenden, um ihre Gedanken auszudrücken. Forscher stimmen darin überein, dass die Palette vokaler Katzenlaute sehr groß ist. Einige behaupten sogar, vom Menschen abgesehen verfüge die Katze über das vielschichtigste Lauterepertoire in der Tierwelt.

Sogar innerhalb eines einzigen Klangtyps ist die Vielzahl von Tönen und Botschaften, die die Katze hiermit zum Ausdruck bringen kann, beeindruckend. Champfleury, ein Schriftsteller des 19. Jahrhunderts, dessen Lieblingsthema Katzen waren, behauptete beispielsweise, 63 verschiedene Noten im Repertoire von Miau-Tönen gezählt zu haben, wenngleich er einräumte, dass es ihn einige Zeit und Übung gekostet habe. Aber ein Großteil dieser Miau-Töne kann auch vom ungeübten menschlichen Ohr wahrgenommen werden.

Es gibt das bittende Miau, wenn eine Katze beispielsweise hinein- oder hinausgelassen werden möchte; das überredende Miau, ein tiefer, einschmeichelnder Ton, den sie von sich gibt, wenn sie etwas möchte, was sie für gewöhnlich nicht bekommt; das verzweifelte Miau, ein durchdringender, lauter und leicht erkennbarer Ton, der jedoch eigenartigerweise nur ganz zu Beginn einer Notlage geäußert wird. Dann sind da noch das Antwort gebende Miau, wenn man die Katze beim Namen ruft, und das Begrüßungsmiau.

Auch das Katzenliebhabern so vertraute Schnurren kann verschiedene Bedeutungen haben. Wenngleich es für gewöhnlich als Zeichen des Wohlbefindens einer Katze interpretiert wird, hat man festgestellt, dass Katzen auch dann schnurren, wenn sie starke Schmerzen haben. Der Mechanismus des Schnurrens ist bis heute rätselhaft geblieben, da es Wissenschaftlern bislang nicht gelungen ist herauszufinden, wie genau Katzen diesen ebenso ungewöhnlichen wie markanten Laut erzeugen.

Das ausgedehnte Repertoire an Vokallauten bei Katzen wird noch dadurch kompliziert, dass die domestizierte Katze über zwei verschiedene Vokabulare verfügt – das eine benutzt sie im Freien, das andere im Haus. Eine Katze kennt instinktiv die richtigen Knurr-, Heul- und Paarungslaute, die sie für das Leben in der Wildnis benötigt, auch wenn sie nie außerhalb ihrer häuslichen Umgebung gelebt hat und leben wird. Auf der anderen Seite setzt sie Jungtierlaute ein, die in den ersten Lebensmonaten der Kommunikation mit der Mutter dienen und die sie in der Wildnis im Erwachsenenalter ablegen würde. Diese Jungtierlaute sind allein für den Katzenbesitzer bestimmt, der für die Dauer ihres Erwachsenenlebens die Mutterrolle übernimmt.

Wenngleich die Fähigkeit, die Vielzahl von Lauten zu verstehen, die eine Katze erzeugen kann, hilfreich und sogar wünschenswert ist, ist es nicht erforderlich, alle Bedeutungen zu verstehen. Gewöhnlich kann man das, was eine Katze mitzuteilen versucht, aus einer Kombination von Signalen schließen, die nicht nur Töne umfassen, sondern auch die Körpersprache.

Eine eingeschüchterte Katze – beispielsweise nachdem sie ausgeschimpft wurde – setzt sich häufig, ihrem Herrchen/Frauchen den Rücken zugekehrt, in einiger Entfernung hin und ignoriert sämtliche Versuche, sie zu trösten. Hierbei handelt es sich selten um ein würdevolles Schmollen aus gekränkter Eitelkeit – wie gemeinhin angenommen wird. Viel eher dient dieses Verhalten dazu, die Bedrohung abzuwenden, die der Besitzer der Katze mit harten Worten und bösem Blick erzeugt hat. Da die Katze sich durch den bösen Blick – ganz zu schweigen vom aggressiven Tonfall des Besitzers und seiner Größe – eingeschüchtert fühlt, ist es für sie eine ganz natürliche Reaktion, sich abzuwenden, jedoch ohne davonzulaufen wie ein Feigling. Diese Reaktion »... hat einen doppelten Effekt: Sie vermindert die Angst der Katze und ermöglicht es ihr zu bleiben, wo sie ist«, schreibt Desmond Morris in seinem Buch »Catlore«. »Auch verhindert sie ein Starren seitens der Katze, das als Herausforderung gedeutet werden und möglicherweise weitere Feindseligkeit heraufbeschwören könnte.«

Eine Ihnen freundlich gesonnene Katze wird Sie das dadurch wissen lassen, dass sie laut schnurrend um Ihre Beine streicht, was häufig eine Form der Reviermarkierung ist. Das Reiben des Kopfes am Bein oder an der Hand eines Menschen stimuliert die Schläfendrüsen auf beiden Seiten der Katzenstirn. Manchmal bringt dies eine winzige, kaum wahrnehmbare Menge eines Drüsensekrets hervor, das an der Stelle hinterlassen wird, an der die Katze den Kopf gerieben hat, damit sie den »Freund« später wiedererkennen kann. Die Katze kann anhand unserer Körpersprache und ihrer guten Beobachtungsgabe für gewöhnlich unsere Stimmungen und Signale recht gut interpretieren. Ihr hervorragendes Sehvermögen, ihr Gehör und die anderen Sinne, die nach Jahrhunderten der Jagd sehr

ausgeprägt sind, machen sie zu einem ausgesprochen empfänglichen Haustier. Viele Katzen spüren beispielsweise, wenn ein Mensch traurig oder krank ist, und bleiben in seiner Nähe, um ihm Trost zu spenden.

Taub geborene Katzen – dies kommt vor allem bei weißen Katzen mit blauen Augen vor – halten sich an die sichtbare Körpersprache eines Menschen, um Botschaften oder Stimmungen zu interpretieren. Sie sind dazu in der Lage, eine Situation zu begreifen, weil sie Vibrationen spüren, die eine Person oder ein bestimmtes Umfeld erzeugen, und können entsprechend reagieren.

Aufgrund ihrer hervorragenden Sinneswahrnehmung sind Katzen vielleicht sogar eher in der Lage, unsere Botschaften und Launen zu verstehen als wir die ihren. Katzenschriftsteller Paul Corey war jedenfalls von dieser Annahme restlos überzeugt und behauptet in seinem Buch »Do Cats Think?«: »Ich weiß, dass meine Katzengefährten meine Sprache besser verstehen als ich die ihre. Wenngleich Ihr Gehirn kleiner ist als das meine, kann ich nicht umhin, dies als Beweis einer überlegenen Fähigkeit zu deuten – einer überlegenen Intelligenz ... oder von etwas Wichtigem, über das man mehr wissen sollte.«

Sensibilität

Während es uns möglicherweise nie gelingen wird, an die Sinne der Katze heranzureichen, können wir bei der Kommunikation versuchen, unserer Katze gegenüber ebenso einfühlsam zu sein, wie es offenbar umgekehrt der Fall ist. Ihre Gefühle spiegeln sich in ihrem Verhalten wider, und indem wir auf ihr Tun achten, können wir die Stimmung ergründen, in der sie sich wohl gerade befindet.

Katzen sind beispielsweise sehr besitzergreifend und können extrem eifersüchtig werden, wenn man versucht, ihren Lieblingssessel, ein Kissen oder ein Spielzeug mit ihnen zu teilen oder ihnen wegzunehmen. Es fällt ihnen mitunter auch besonders schwer, ein neues Familienmitglied zu akzeptieren. Neue Haustiere oder Babys sollten nach und nach mit der Katze vertraut gemacht werden, und man sollte sorgsam darauf achten, dass die Katze sich nicht vernachlässigt fühlt. Eifersucht kann sich bei einer Katze durch Nahrungsverweigerung, Unsauberkeit und Schmollen äußern.

Katzen reagieren auch sehr empfindlich, wenn man sie auslacht, und zeigen dies durch einen traurigen und Unbehagen ausdrückenden Gesichtsausdruck. Wenn Sie Ihrer Katze einen Befehl erteilen, sollten Sie stets daran denken, dass es Katzen verhasst ist, sich herumkommandieren zu lassen bzw. in barschem Ton angesprochen zu werden. Gewöhnlich erzielt man größeren Erfolg, wenn man die Katze mit fester, aber freundlicher Stimme anspricht und härtere Töne den Gelegenheiten vorbehält, in denen strikte Befehle erforderlich sind.

Gesellschaft ist Katzen ebenso wichtig wie dem Menschen, und eine einsame Katze kann mit Appetitverlust oder Lethargie reagieren. Sie muss eine gewisse Zeit mit ihrem Besitzer verbringen können oder sie braucht ein anderes Tier zur Gesellschaft. Manche Katzen sehnen sich sogar nach der ungeteilten Aufmerksamkeit ihres Besitzers oder anderer Menschen bzw. Tiere. Sie verlangen nach Streicheleinheiten, indem sie ihrem Besitzer auf den Schoß springen, sich – diskreter – an seinen Beinen reiben oder sich in seine Nähe setzen. Wenn sie mit dem Maß an Aufmerksamkeit, das man ihnen zollt, unzufrieden sind, können solche Tiere in tiefe Depressionen verfallen.

Als von Natur aus neugierige Wesen sind Katzen am glücklichsten, wenn es in ihrer Umgebung genügend Ablenkungsmöglichkeiten gibt, die ihr Interesse wecken. Eine gelangweilte Katze geht häufig dazu über, Kleidungs- oder Möbelstücke zu zerfetzen, deprimiert auszuschauen, sich exzessiv zu putzen oder das Interesse an ihrer Umgebung zu verlieren. In diesem Fall sollte der Besitzer versuchen, das Interesse des Vierbeiners mithilfe neuer Spiele oder eines neuen Haustieres wieder zu wecken.

Katzen reagieren empfindlich auf Lärm und Stresssituationen, die sie im Extremfall sogar als traumatisierend empfinden. Alltägliche Geräusche – Staubsauger, Waschmaschine, Stereoanlage – können Katzen Angst machen, vor allem jungen Tieren, die möglicherweise noch nicht an sie gewöhnt sind. Ein Schockzustand kann eintreten, nachdem die Katze grob angefasst wurde, man umgezogen ist, sie mit einem anderen Tier gekämpft hat, sie von Kindern (oder Erwachsenen) misshandelt wurde oder einen besonders schmerzhaften Tierarztbesuch erlebt hat. Erste Symptome für einen Schock lassen sich erkennen, wenn eine Katze ihre gewohnte Hygiene vernachlässigt und beispielsweise unsauber wird. In schweren Fällen kann die Katze lustlos oder melancholisch werden, an Appetitlosigkeit leiden und einen höheren Puls haben. Man sollte diesen Tieren so viel Geborgenheit vermitteln wie möglich und bei Bedarf auf professionelle Hilfe zurückgreifen.

Unser Verhalten Katzen gegenüber

Die Gefühle für unsere Katzen und unsere Einstellung ihnen gegenüber als Haustiere sind überaus wichtige Faktoren für eine erfolgreiche Besitzer-Katze-Beziehung. Zu den schätzenswerten Vorzügen der Katzen gehören ihre äußere Erscheinung, ihre Unabhängigkeit und Unberechenbarkeit, ihre Geselligkeit, ihre Intelligenz, ihr rätselhafter, mysteriöser Charakter sowie ihre Verspieltheit und ihr Charme. Zu jenen Eigenschaften, die von Katzenbesitzern weniger geschätzt werden, gehören ihre Grausamkeit gegenüber einer Beute, ihre Fähigkeit, den Menschen anzustarren, bis er sich ganz unbehaglich fühlt, und ihre Launenhaftigkeit.

Das Wesen der Katze ist tatsächlich außerordentlich komplex und wurde sehr treffend von Sidney und Helen Denham in einem Kapitel ihres Buches »The Siamese Cat« (Die Siamkatze) beschrieben: »Die Ingredienzien, die der Schöpfer beschloss, miteinander zu vermischen, als er die erste siamesische Katze schuf, mögen die Anmut des Panthers, die Intelligenz des Elefanten, die Anhänglichkeit der Unzertrennlichen, die Schönheit des Kitzes, die Weichheit von Daunen und die Geschwindigkeit des Lichts gewesen sein.« Das Zitat bezieht sich zwar auf die Siamesische Katze, trifft jedoch auch auf andere Rassen zu.

Und doch sind, wie jeder Katzenbesitzer sicher weiß, nicht alle Katzen gleich, und es ist ihr individueller und unberechenbarer Charakter, der sie zu einem so besonderen und faszinierenden Wesen macht. Dementsprechend sind nicht alle Katzenhalter gleich, und auch ihr Verhalten Katzen gegenüber kann sehr unterschiedlich sein.

Ein recht vielsagender Hinweis auf den Enthusiasmus eines Katzenbesitzers für seine Katze ist der Name, den er für sie wählt.

In seinem Buch »Charles, The Story of a Friendship« (Charles, Die Geschichte einer Freundschaft) argumentierte Michael Joseph, dass der Name einer Katze auf die Wertschätzung des Besitzers schließen lässt. »Wenn Sie einer Katze namens Ginger oder auch Pussy begegnen, können Sie einigermaßen sicher sein, dass ihr Besitzer seiner Katze nicht den gebührenden Respekt zollt. Solche banalen und einfallslosen Namen würde ein wahrer Katzenliebhaber seiner Katze niemals geben.«

Manchmal empfehlen Katzentherapeuten als Behandlung bei bestimmten seelischen Störungen, die Katze umzutaufen. Katzentherapeutin Carole Wilbourn aus New York glaubt beispielsweise, dass der Name das Wohlbefinden einer Katze ganz erheblich stören kann, und behauptet, einen »extrem nervösen Siamesischen Kater« geheilt zu haben, indem sie ihn in Spencer Tracy umbenannte.

Natürlich brauchen nicht alle Katzen hochtrabende Titel, um sich in ihrer Haut wohlzufühlen. Und der Name einer Katze ist auch nicht immer ein zutreffender Hinweis auf die Wertschätzung, die der Besitzer ihr entgegenbringt. Der Schriftsteller, Kritiker und Katzenliebhaber Dr. Samuel Johnson, der im 18. Jahrhundert lebte, taufte seinen Kater beispielsweise auf den Namen Hodge, und in dieser reich dokumentierten Beziehung findet sich ganz sicher kein Hinweis auf mangelnden Respekt.

Unsere Verantwortung als Katzenhalter

Welche persönliche Haltung ein Katzenbesitzer seiner Katze auch entgegenbringen mag, es ist überaus wichtig, dass er sich seiner Verantwortung bewusst ist, wenn er sich eine Katze als Haustier hält. Tierverhaltensforscher und Katzenpsychologen haben festgestellt, dass die Rolle des Katzenhalters in der heutigen häuslichen Beziehung zur Katze der einer frei lebenden Katzenmutter gegenüber ihren Jungen gleicht. Der Unterschied liegt darin, dass der Katzenbesitzer die Rolle der Katzenmutter das ganze Katzenleben hindurch ausfüllt, während frei lebende Katzen nur wenige Monate bemuttert werden, ehe sie ganz allein zurechtkommen müssen. Dadurch, dass dieses Kindheitsstadium auf das ganze Katzenleben ausgedehnt wird, kann die Hauskatze es sich leisten, zu entspannen und gesellig zu sein, da wir ja ihre sämtlichen Grundbedürfnisse erfüllen.

Katzen, die in Freiheit aufwachsen, genießen die sorglose Zeit nur für eine kurze Zeitspanne, um sich dann für den Rest ihres Lebens auf das Überleben zu konzentrieren. »Wir versorgen sie nicht nur mit Futter, das die junge erwachsene Katze sich in freier Wildbahn

selbst beschaffen müsste, sondern gestatten ihr außerdem, körperliche Aufmerksamkeit, Wärme und Zuneigung von uns zu erwarten, wie sie sonst nur die Mutter geben könnte«, schreibt Katzenpsychologe Peter Neville in seinem Buch »Do Cats Need Shrinks?«: »Wir bieten auf unserem Schoß die gleiche Geborgenheit, die das Katzenjunge beim Saugen oder an seine Mutter gekuschelt gekannt hat.«

Das Bewusstsein unserer Mutterrolle in dieser Katzen-Mensch-Beziehung hilft uns, die Bedürfnisse und Wünsche des Tieres zu erkennen. Gesunde Kost, Fellpflege und tierärztliche Versorgung im Bedarfsfall müssen die Katzen wenigstens von ihren Besitzern erwarten können.

Die natürliche Nahrung der Wildkatze besteht hauptsächlich aus kleinen Beutetieren wie Mäusen und anderen Nagern, die sie fängt. Katzen bleiben bei einer solchen Kost rundum gesund, und Wissenschaftler und Forscher in der Tiernahrungsindustrie haben umfassende Tests im Bereich Katzenfertigfutter durchgeführt, um die der natürlichen Ernährung am nächsten kommende Zusammensetzung aus Mineral- und Nährstoffen zu ermitteln.

Achten Sie darauf, dass Ihrer Katze ausreichend Trinkwasser zur Verfügung steht, vor allem, wenn Sie sie mit Trockenfutter ernähren, das nicht so viel Feuchtigkeit enthält wie frische Kost. Proteine sind in vielen Fleischarten enthalten, die von Katzen besonders geschätzt werden, so wie auch Fett, das einen wichtigen Bestandteil ihrer Ernährung darstellt. Kohlehydrate werden nur gekocht verdaut und sind beispielsweise in gekochtem Reis oder Brot enthalten.

Die Fellpflege variiert je nach Länge des Haarkleides. Kurzhaarige Katzen müssen gewöhnlich nur einmal wöchentlich gebürstet werden, um die Hautdurchblutung anzuregen und lose Haare zu entfernen. Hierauf folgt das Kämmen mit einem feinzinkigen Kamm, um kleine Partikel abgestorbener Haut und feinere Haare zu entfernen. Langhaarige Katzen müssen häufiger, für gewöhnlich täglich gebürstet und hin und wieder mit einem speziellen Puder bestäubt werden, das das Fett des Felles aufsaugt. Bei allen Katzen sollten einmal wöchentlich Augen, Ohren und andere empfindliche Stellen kontrolliert werden.

Um zu erkennen, wann eine Katze krank ist, muss man natürlich wissen, wie sie aussieht und sich benimmt, wenn sie gesund ist. Sie hat dann aufmerksame, klare Augen mit glänzenden Pupillen, die rasch auf Lichtveränderungen reagieren. Die Augen sollten weder verschleiert sein noch übermäßig viel Tränenflüssigkeit absondern. Die Ohren sollten frei von Schmalz und völlig sauber sein. Der Körper sollte fest und schmal sein, jedoch nicht so, dass Rippen oder andere Knochen sich unter dem Fell abzeichnen. Das Fell einer gesunden Katze ist weich und glänzend; bei Kurzhaarkatzen liegt es an, bei Langhaarkatzen ist es leicht bauschig. Die Katze sollte in wachem Zustand aufmerksam und neugierig sein, sich genügend Bewegung verschaffen, regelmäßig fressen und sich häufig putzen.

Ein Katzenhalter ist außerdem dafür verantwortlich, seiner Katze das Maß an Aufmerksamkeit zu schenken, das sie braucht. Je größer das Interesse, das ein Besitzer für seine Katze bekundet, desto größer die Chance, dass die Katze eine herzliche, liebevolle Persönlichkeit entwickelt. Tatsächlich ist dies ein noch wichtigerer Faktor für die Entwicklung der Persönlichkeit einer Katze als jeder andere Charakterzug, den sie von ihren Eltern geerbt haben mag.

Der Katzenhalter sollte niemals vergessen, dass, wenngleich Katzen seit Jahrhunderten domestiziert sind, ihr Jagdinstinkt immer noch stark ausgeprägt und ein natürlicher Teil des Überlebensinstinktes ist. Als eifrige Jäger bringen Katzen häufig tote oder schwer verletzte Ratten und Vögel nach Hause, die sie ihrem Besitzer zum Geschenk machen. Die Katze erwartet, für ihre Mühe gebührend gelobt zu werden, und reagiert sehr gekränkt, wenn sie in solchen Situationen gescholten wird. Loben Sie sie in Anerkennung der Trophäe, die sie Ihnen zum Geschenk macht, und schimpfen Sie nur dann moderat, wenn das erbeutete Tier noch leidet.

Eine Katze, die sich ausschließlich oder fast ausschließlich im Haus aufhält, wird andere Möglichkeiten brauchen, ihren Jagdinstinkt auszuleben. Katzenhalter können sich verschiedene Spiele ausdenken, bei denen die Katze herausgefordert und animiert wird. Die meisten Tiere horchen auf, wenn sie beispielsweise das leise Rascheln von Papier oder Stoff hören, und verfallen regelrecht in Trance. Diese Geräusche ähneln jenen, auf die ihre Vorfahren als Dämmerungsjäger im Dunkeln lauschten. Sie bieten der Katze Gelegenheit, ihre Geschicklichkeit unter Beweis zu stellen – auch wenn sie nur eine Decke angreift!

Verträglichkeit

Der Erfolg der Beziehung zu Ihrer Katze hängt außerdem von Ihrer Persönlichkeit und dem von Ihnen bevorzugten Lebensstil ab. Hoffentlich passen Sie und Ihre Katze in dieser Hinsicht zueinander. Während die meisten Katzen sich beinahe jedem Heim und Besitzertyp anpassen können, legen einige von ihnen dominante Charakterzüge an den Tag, mit denen zu leben dem einen oder anderen Halter schwerfällt.

Extrem vitale Katzen können beispielsweise hyperaktiv sein und die Alltagsroutine stören, vor allem wenn sie ausschließlich im Haus gehalten werden. Eine solche Katze kann zur Last werden, wenn sie jede Aktivität in ein Spiel verwandelt und niemals still sitzt und ihrem Besitzer ein wenig Ruhe und Frieden gönnt. In diesem Fall könnte die Anschaffung einer zweiten Katze die Lösung sein. Manche Katzen ziehen es auch vor, in Ruhe gelassen zu werden, und fühlen sich gestört, wenn man ihnen zu viel Aufmerksamkeit schenkt. Das mag für den Besitzer frustrierend sein, der sich die Gesellschaft der Katze wünscht, und auch hier könnte die Lösung in der Anschaffung einer zweiten, anhänglicheren Katze liegen.

Katzen, die extrem mitteilsam sind, können bestimmte Besitzertypen mit ihrem ständigen Miauen zum Wahnsinn treiben. Hier kann wenig getan werden, die Beziehung zu verbessern, und in solchen Fällen ist es oft besser, die Katze jemandem zu überlassen, der sich nicht an ihrer Gesprächigkeit stört.

Andere Katzen sind besonders neugierig oder ständig zu Streichen aufgelegt und können ihre Besitzer damit ärgern, dass sie Gegenstände verstecken, Mülltüten durchwühlen und um der Unterhaltung willen Haushaltsgegenstände auseinandernehmen. Diesbezüglich kann der Grad, in dem die Katze sich an die Hausordnung hält – oder nicht –, die Beziehung zu ihrem Besitzer stark beeinflussen. Hier spielen die Intelligenz der Katze eine Rolle und die Art, in der die Hausordnung der Katze nahegebracht wird. Positives Verhalten zu belohnen ist bei der Erziehung ebenso wichtig wie die Strafe bei unerwünschtem Verhalten. Man sollte eine Katze für eine Missetat so bald wie möglich schelten, damit sie die Verbindung zwischen ihrem Regelverstoß und der Strafe herstellen kann.

Das Sozialverhalten einer Katze ist für den Besitzer ebenfalls wichtig, vor allem wenn dieser Kinder hat oder häufig Besuch bekommt. Man kann Katzen sehr frühzeitig daran gewöhnen, die Anwesenheit von Kindern oder Fremden zu akzeptieren, und ihnen beibringen, wie sie sich zu benehmen haben. Wurde jedoch versäumt, einer Katze gute Manieren beizubringen, kann der Besitzer nur versuchen, dies nachzuholen, oder aber dafür sorgen, dass die Katze von Fremden ferngehalten wird.

Haustiere fühlen sich bei solchen Menschen am wohlsten, die einen geregelten Tagesablauf einhalten. Eine Katze, die früh aufwacht und Lärm macht, wird ihrem Besitzer, der gern noch einige Stunden schlafen würde, keine Freude machen. Und eine Katze, die als Frühaufsteherin durchs Leben geht, wird sich bei einem Besitzer auch nicht wohlfühlen, der abends lange aufbleibt und sie beim Einschlafen stört. In solchen Fällen wird die Katze sich gewöhnlich dahin ge-

hend anpassen, dass sie sich ein stilles Plätzchen sucht, an dem sie schlafen kann. Besitzer von Katzen, die zu unpassenden Zeiten Lärm machen, können versuchen, das Tier in diesem Zeitraum in einen anderen Teil des Hauses zu verbannen.

Die Freuden einer glücklichen Beziehung

Wenn die Persönlichkeiten und Lebensweisen der Katze und ihres Besitzers zueinander passen und jeder sich seiner Verantwortung und des von ihm erwarteten Verhaltens bewusst ist, kann sich eine vielversprechende Beziehung zwischen den beiden entwickeln. Katzen können ihrem Besitzer sehr viel Freude bereiten, was sich positiv auf das allgemeine Wohlbefinden des Menschen auswirkt.

»Es kommt häufig vor, dass ein Mensch sich einem Hund oder einer Katze näher fühlt als anderen Menschen«, schrieb der Dichter Henry Thoreau im 19. Jahrhundert. Diese Feststellung trifft auch heute noch zu. Katzen dienen weltweit zahlreichen Menschen als Ventil für ihre Gefühle. Eine erst kürzlich an der Universität von Pennsylvania durchgeführte Studie hat ergeben, dass 37 Prozent der amerikanischen Katzenhalter ihren Katzen regelmäßig von den Ereignissen des Tages berichten oder ihnen persönlichere Dinge anvertrauen. Wenngleich sie nicht in der Lage sind, dem Menschen einen Rat zu erteilen, macht die intelligente und aufmerksame Art der meisten Katzen sie zu guten Zuhörern. Ihr Schweigen trägt zu einer gewissen Aura der Weisheit bei, die zwar eingebildet sein mag, aber darum nicht minder tröstlich ist.

Katzen flößen uns auch vielleicht deshalb so viel Selbstvertrauen ein, weil wir in der Lage sind, für sie zu sorgen, und sie uns das Gefühl geben, gebraucht zu werden und wichtig zu sein. Der Mensch neigt dazu, eine gesunde Anhänglichkeit seiner Katze gegenüber zu entwickeln, indem er die Mutterrolle übernimmt und seinen Stubentiger nach bestem Wissen und Gewissen beschützt und umsorgt.

Katzen sind oft witzig und können uns durch ihre Kapriolen oder allein durch ihre Mimik zum Lachen bringen. Sie bringen uns Geschenke und legen uns ihre Beute oder andere Aufmerksamkeiten vor die Füße. Sie sind wunderschön, und es ist eine Freude, ihre anmutigen Bewegungen zu beobachten. Aufgrund ihres ausgeprägten Zeitgefühls wissen Katzen meist sehr genau, wann ihr Herrchen/Frauchen nach Hause kommt, und erwarten es bereits ungeduldig. Sie werden besonders von Besitzern geschätzt, die allein leben, weil sie ihnen das Gefühl vermitteln, geliebt zu werden.

Die emotionsbezogenen Vorteile der Katzenhaltung wirken sich positiv auf das körperliche und seelische Wohlbefinden aus. Die meisten Menschen empfinden es als entspannend, eine Katze im Arm zu halten, wozu nicht zuletzt ihre Körperwärme, ihr weiches Fell und das beruhigende Schnurren beitragen. Die sorglose Art, mit der die Katze sich im Haus bewegt, färbt häufig auf ihren Besitzer ab.

Eine Katze zu streicheln kann auf viele Menschen einen therapeutischen Effekt haben, Stress abbauen, den Blutdruck und die Herzfrequenz senken. Eine Gruppe von Forschern der Universität von Maryland fand beispielsweise heraus, dass Opfer eines Herzanfalls, die ein Haustier besaßen, bessere Chancen hatten, das erste Jahr zu überstehen, als jene Patienten, die kein Haustier besaßen. Vielleicht werden Ärzte eines Tages im Rahmen einer Heilbehandlung ein Haustier verschreiben!

Katzen sind in der heutigen modernen Welt besonders gut als Haustiere geeignet. Wenngleich ihre natürliche Umgebung die freie Natur ist, sind sie ausgesprochen anpassungsfähig und zumeist mit einem Leben im Haus durchaus zufrieden. Die meisten Katzen sind willens, die Natur gegen eine Katzentoilette einzutauschen, und denken sich Spiele und Verfolgungsjagden aus, um die Jagd zu ersetzen, für die sie sich instinktiv interessieren und für die sie von Natur aus bestens gerüstet sind.

Katzen sind auch deshalb so attraktive Haustiere, weil sie relativ pflegeleicht sind. Sie sind wählerisch, sauber und übernehmen ihre Fellpflege größtenteils selbst. Man braucht nicht mit ihnen spazieren zu gehen, man kann ihnen beibringen, eine Katzentoilette zu benutzen, und sie verschaffen sich für gewöhnlich innerhalb der Grenzen ihres Zuhauses allein die nötige Bewegung. Katzen sind im Allgemeinen ruhig, was für viel beschäftigte Halter vorteilhaft ist, die oft nur nach Hause kommen, um zu schlafen. Wirtschaftlich betrachtet sind Katzen leichter zu halten, weil sie weniger fressen als Hunde und in ihrem Unterhalt ganz allgemein billiger sind.

Einigen Leuten missfällt jedoch die Unabhängigkeit der Katze. Viele Hundehalter glauben, dass die Katze ihren Besitzer als Selbstverständlichkeit betrachtet und Futter und ein Dach über dem Kopf beansprucht, ohne eine Gegenleistung zu erbringen. Aber Hundeliebhaber neigen auch dazu, Haustiere vorzuziehen, die auf Kommando ihre Zuneigung bekunden. Das ist absolut in Ordnung, solange der Hundehalter über Zeit und Mittel verfügt, den Ansprüchen eines Hundes gerecht zu werden.

Dies ist jedoch in der heutigen Gesellschaft immer seltener der Fall, und die praktischen Vorteile der Katzenhaltung treten immer mehr in den Vordergrund. Katzenliebhaber mögen hinzufügen, dass ihre Lieblinge die besseren Haustiere sind, gerade weil sie sich ihrem Besitzer niemals völlig unterwerfen, und dass ihre Selbstständigkeit als Stärke anzusehen ist. Für einen Katzenliebhaber verleiht dieser Charakterzug der Katze eine interessantere, unterhaltsamere und faszinierendere Persönlichkeit und macht sie zu einem anspruchsvollen und anregenden Haustier. Und wenngleich Intelligenz ein weniger wichtiger Faktor für eine gelungene Beziehung zwischen einer Katze und ihrem Besitzer ist, wird wohl jeder Katzenliebhaber behaupten, dass Katzen außerdem intelligenter seien als Hunde.

Die Charaktereigenschaften der Katze in Verbindung mit den positiven Auswirkungen ihrer Gesellschaft auf Körper und Psyche machen sie zu einem wundervollen Haustier. Die Katze ist bemerkenswert gut für ein Zusammenleben mit dem Menschen geeignet, einem Zusammenleben, das sie durch ihre Anwesenheit bereichert.

Briefe von Katzenbesitzern

»Der Umgang mit der modernen Technik«

Das erstaunlichste Kunststück meiner Katze Tika besteht darin, ans Telefon zu gehen. Ich habe einen Anschluss im Esszimmer (ein Wandtelefon) und ein gewöhnliches Tischtelefon im Arbeitszimmer. Wenn das Telefon klingelt, nehme ich grundsätzlich im Esszimmer ab. Tika geht derweil ins Arbeitszimmer, stößt den Hörer von der Gabel und belauscht meine Gespräche (allerdings spricht sie nicht ...).

Susan Lalor, Delaware, USA

Um nach »Stunden« der Einsamkeit endlich meine Aufmerksamkeit zu erregen, drückt Chester mit der Pfote auf die Ruftaste des schnurlosen Telefons und lässt es klingeln, bis ich wach werde. Anfangs dachte ich, jemand hätte sich verwählt und einfach eingehängt, bis ich den Kater dann eines Tages ertappte. Seine »Anrufe« erfolgen gewöhnlich gegen Mitternacht und fünf Uhr früh.

Mariann Goldman, Los Angeles, USA

»O.k., Handschuhe aus«

Als Bilbo noch sehr jung war, kuschelte er sich in meine rechte Armbeuge, bis ich eingeschlafen war. Dann kletterte er auf meine Brust und machte sich daran, aus meiner linken Hand, die gewöhnlich reglos dort ruhte, Hackfleisch zu machen. Da ich es bald leid war, abrupt und schmerzhaft geweckt zu werden, ging ich dazu über, im Bett einen alten Handschuh überzuziehen ... Eines Morgens wachte ich auf und stellte fest, dass ich den Hand-

schuh nicht mehr anhatte – meine Hand war jedoch unverletzt. Ich suchte den Handschuh überall, fand ihn jedoch erst, als ich das Bett von der Wand abrückte. Es war Bilbo nicht nur gelungen, mir – ohne mich zu wecken – den Handschuh auszuziehen, sondern er hatte ihn auch noch über meinem Kopf zwischen Bett und Wand gestopft.

Patricia Halls, Wallis, Schweiz

»Die lange Leitung«

Wir besitzen seit zwei Jahren ein tropisches Aquarium. Kaum dass es aufgestellt und mit Fischen bestückt war, sprang Paddy auf den Rand, ließ die Pfoten herunterbaumeln und langte nach den Fischen. Mick schien bis zur vergangenen Woche nichts davon zu merken – er hat ja nur zwei Jahre gebraucht, um dahinterzukommen. Eines Tages ging er am Aquarium vorbei und nahm eine Bewegung wahr. Seitdem ist er geradezu besessen! Jetzt hockt er oben auf dem Aquarium, lässt die Pfoten baumeln und langt nach den Fischen. Der arme Paddy musste sich einen anderen Zeitvertreib suchen. Aber er scheint nicht allzu betrübt, da er diesen Spaß immerhin schon vor Jahren entdeckt hat!

Linda Williams, Liverpool

»Em, die furchtlose Retterin«

Em (Emily) war 15 Jahre alt. Wir lebten im Wald in unserem Feuerwachturm (der Arbeitsplatz meines Mannes) in der Nähe von Meile Null des Alaska Highways. An einem stürmischen Tag stattete ich dem Toilettenhäuschen einen Besuch ab und ließ die Tür einen Spalt offen stehen. Plötzlich tauchte ein Bär –

ein Schwarzbär – in der Tür auf. Ich wusste nicht, was ich tun
sollte. Ich dachte, ich könnte ihn verscheuchen, indem ich schrie
und ihm die halb offene Tür vor die Nase schlug. Und genau das
tat ich dann auch. Suchte der Bär das Weite? Nein. Stattdessen
wandte er sich mir zu und knurrte frohlockend, so als wolle er sa-
gen: »Ach, da bist du.« Ich schrie – ich fragte mich, warum Ross,
mein Mann, mir nicht zu Hilfe kam, aber er war hundert Yards
entfernt und konnte mich bei dem Wind nicht hören.

Ich schrie weiter, während der Bär mich nur anstarrte, und
dann sah ich, wie meine Em durch die Luft segelte und mitten
im Gesicht des Bären landete. Mein sanfter, alter Liebling wollte
mich beschützen. Der Gedanke, dass meine Katze verletzt wer-
den könnte, versetzte mich derart in Panik, dass ich alle Vorsicht
außer Acht ließ und meiner Angst zum Trotz durch die Tür aus
dem Toilettenhäuschen stürmte – und beinahe mit Ross zusam-
menprallte, der meine Schreie endlich doch noch gehört hatte. Er
hatte sich mit einem langen Eisenrohr bewaffnet, das er wie ein
sehr langes Schwert schwang. Der Bär machte abrupt kehrt und
flüchtete, bis zum Ende des Weges von Em verfolgt. Von diesem
Tag an ließ sie mich nie wieder allein zur Toilette gehen.

Billie Gates, Alberta, Kanada

»Katzenwäsche«

Als er noch ein Kätzchen war, leckte Charlie sich stets die eine
Pfote, um sich das Gesicht dann mit der anderen (trockenen)
Pfote zu putzen! (Gott sei Dank hat er diese dumme Angewohn-
heit inzwischen abgelegt.)

Pat und Cliff Crader, Cedaredge, Colorado

»Hm, jetzt bin ich dran«

Ich besitze einen beleuchteten Schminkspiegel, der sich so drehen lässt, dass man den Vergrößerungsspiegel auf der Rückseite benutzen kann. Ich verbringe viel Zeit vor diesem Spiegel, mit Schminken, Abschminken und dergleichen. Wenn Selena der Ansicht ist, dass ich lange genug vor dem Spiegel verbracht habe und es Zeit ist, dass ich mit ihr spiele oder sie füttere, stellt sie sich zwischen mich und den Spiegel und stupst diesen mit der Pfote an, sodass er sich dreht. Sie bleibt so lange dort sitzen, bis ich das, was ich gerade tue, unterbreche, um zu ergründen, was sie möchte oder braucht.

Christina Shevalier, Nashville, Tennessee

»Bemüh dich nicht, ich bediene mich schon selbst.«

Eines Tages bemerkte ich einige Strohhalme auf dem Fußboden, mit denen Oliver begeistert spielte. Ich wusste, dass ich sie nicht herausgenommen hatte, und fragte mich, wie er es wohl angestellt haben mochte, sie aus der hohen Schublade, in der ich sie aufbewahrte, herauszuholen.

In der darauffolgenden Woche beobachtete ich, wie er an den Griffen der unteren Schubladen zu jener Lade hinaufkletterte, in der sich die Strohhalme befanden. Er steckte die Krallen unter die obere Lade und lehnte sich in einem 45°-Winkel zurück. Dann kletterte er in die Schublade und holte die Strohhalme heraus. Das war bisher sein bestes Kunststück.

Melissa Calavan, Oakland, Kalifornien

Die Katze
Verführerisch unnahbar,
Anziehend kühl,
Entwaffnend verspielt,
Aber niemandes Clown.
Gewinnend stur,
Abgehoben von der Menge,
Bezaubernd arrogant
Und unsagbar stolz.
Dieser liebenswerte Tyrann
Betört und entnervt
Und macht sich seinen Herrn
Zum ergebenen Sklaven.

Tim Hopkins, Luton, Bedfordshire

»Kindermädchen«

Meine Katzen scheinen instinktiv gespürt zu haben, dass ich schwanger war und wie man mit einem Säugling umgeht. Als ich mit unserer Tochter aus dem Krankenhaus heimkam, versammelten sie sich um sie herum und hießen sie willkommen. Seither kommen sie, wann immer sie weint, angelaufen, um sich davon zu überzeugen, dass ihr auch nichts fehlt. Wenn sie oben ist und weint, kommt Bunny zu mir nach unten und miaut so lange, bis ich nach dem Baby sehe. Sie sind sehr sanft und beschützend im Umgang mit dem Kind und nehmen ihre »Geschwisterrolle« sehr ernst! (Natürlich werden sie jedes Mal großzügig belohnt.)

Darlene Kramer, Kenisha, Wisconsin

»Alarick, der Märtyrer«

Alarick ist extrem rachsüchtig, wenn man ihn zu etwas zwingt, was er nicht will, wie zum Beispiel zu einem Besuch beim Tierarzt. Seine Art, mich zu strafen, besteht jedoch darin, dass er eines seiner Spielzeuge zerfetzt und die Einzelteile auf meinem Kopfkissen deponiert. Er vergreift sich nie an etwas, das mir gehört. Dummheit?

Sandra Siddall, Sylvania, Ohio

»Nachrichten von dem zu Recht Rolex genannten«

Wenn jemand mit Geld(-scheinen) in der Hand unser Haus betritt, reißt er sie ihm aus der Hand.

»... und die schrecklich verwöhnte Cameo«

Cameo liebt es, wenn man sie verwöhnt. Sie frisst im Bad. Wenn sie den Fressnapf zur Hälfte geleert hat, miaut sie kläglich, allerdings nur, wenn Vivian in der Nähe ist. Dann muss Vivian sich auf den Toilettendeckel setzen, Cameo füttern und ihr dabei immer wieder versichern, wie klug und schön sie ist.

Ed und Vivian Lichtman, Bensalem, Pennsylvania

Literaturhinweise

Aberconway, Lady C., *A Dictionary of Cat Lovers*, Michael Joseph, 1968 (1. Ausgabe 1949).

Anderson, Janice, *Cat Calls*, Guinness Publishing, Enfield, Middx, 1991.

Angel, Jeremie: *Das Katzenhaus. Im »Reich der Tiere«*. Müller Rüschlikon. 1990.

Angel, Marie, *Catscript*, Pelham Books, London, 1984.

Angus, Vivienne, *Know Yourself through Your Cat*, Souvenir Press, 1991.

Armour, Robert A., *Gods and Myths of Ancient Egypt*, The American University in Cairo Press, Kairo, 1986.

Baker, Stephen, *How to Live with a Neurotic Cat*, Grafton Books, 1987.

Beadle, Muriel, *The Cat*, Simon & Schuster, New York, 1977.

Butler, E. und Madsen, P., *Test Your IQ*, Pan Books, 1983.

Chaucer, Geoffrey, *Canterbury Tales, (übertragen von Nevill Coghill)*, Penguin Books, 1951.

Chaucer, Geoffrey: *Die Canterbury-Erzählungen*. Bd. 1–3. Goldmann. 1989.

Corey, Paul, *Do Cats Think?*, Castle Book Sales Inc., Seaucus, New Jersey, 1977.

Denham, Sifney, *Cats between Covers*, H. Denham (London), 1952.

Evans, Markus: *Katzen*. Herold Verlag. Fellbach. 1993 (Haustiere für Kinder.)

Fogle, Bruce: *Katzen kennen und verstehen*. Körpersprache und Verhalten. BLV. 1994.

Fogle, Bruce: *Was geht in meiner Katze vor?* Bastei-Lübbe. 1993.

Foster, Dorothy, *In Praise of Cats*, Musson Books Co., Toronto, 1974.

Joseph, Michael, *Charles, the Story of a Friendship*, 1943.

Kirk, Mildred, *The Everlasting Cat*, Faber and Faber, 1977.

Leman, Jill und Martin, *The Perfect Cat Anthology*, Pelham Books, 1983.

Leman, Martin: *Martin Lemans merkwürdige Katzen.* Lentz. 1979.

Lillington, Kenneth, *Nine Lives*, André Deutsch, 1977.

Morris, Desmond, *Catlore*, Jonathan Cape, 1987.

Morris, Desmond: *Catwatching. Die Körpersprache der Katze.* Heyne. 1993.

Morris, Desmond: *Katzen. Ihr Mythos – Ihre Sprache – Ihr Verhalten.* Heyne. 1991.

Morris, Desmond: *Wann machen Katzen einen Buckel?* Heyne. 1991.

Neville, Peter, *Do Cats Need Shrinks?*, Sidgwick & Jackson, 1990.

Neville, Peter: *Katzen verstehen. Tierpsychologie im Alltag.* Droemer Knaur. 1993.

Neville, Peter: *Versteh' Deine Katze.* Müller Rüschlikon. 1992.

Neville, Peter: *Wenn der Kater mit der Katze. Alles über das Liebesleben Ihrer Haustiere.* Droemer Knaur. 1994.

New Encyclopaedia Britannica, Bd. 1, Encyclopaedia Britannica Inc., Chicago, 1988.

Page-a-Day-Calendar, 1991, Workman Publishing Co., New York, 1990.

Pedigree Petfoods, *Know Your Cat*, U.K., 1989.

Pielou, Andriaane, *»100 Ways to Cure a Cat«*, Mail on Sunday, 11. November 1990

Pond, G. und Sayer, A., *The Intelligent Cat*, Davis. Poynter, 1977.

Pond, Grace, *The Complete Cat Encyclopaedia*, Heinemann, 1972.

Pugnetti, G., *The MacDonald Encyclopaedia of Cats*, MacDonald, 1983.

Pugnetti, Gino: *Handbuch der Katzenrassen.* Müller Rüschlikon. 1985.

Reid, Beryl, *The Cat's Whiskers*, Ebury Press, 1986.

Rutledge, Leigh W.: *Kleiner Katzenknigge.* Bastei-Lübbe. 1994.

Sayer, Angela, *Encyclopaedia of the Cat*, Octopus Books, 1979.

Sayer, Angela: *Katzen.* Neuer Kaiser. 1985.

Schneck, M. und Caravan, J., *Cat Facts*, Stanley Paul Publishers, 1990.

Schneck, Markus und Caravan, Jill: *Katzen.* Parkland. 1993.

Sitwell, Osbert, *The True Story of Dick Whittington*, Home & Van Thal (London), 1945.

St. George, E.A., *Ancient and Modern Cat Worship*, Spook Enterprises (London), 1981.

Taylor, David und Martyn, Elisabeth: *Das ganz persönliche Brevier für die Glückskatze.* Nymphenburger. 1992.

Taylor, David und Martyn, Elisabeth: *Das ganz persönliche Brevier für die rote Katze.* Nymphenburger. 1992.

Taylor, David und Martyn, Elisabeth: *Das ganz persönliche Brevier für die schwarze Katze*. Nymphenburger 1992.

Taylor, David und Martyn, Elisabeth: *Das ganz persönliche Brevier für die Tigerkatze*. Nymphenburger. 1992.

Taylor, David: *Das Heyne Katzenbuch*. Heyne. 1993.

Taylor, David: *Mein großes Katzenbuch*. Weltbild. 1994.